面对快速扩张带来的城市功能结构性调整，城市批发市场该何去何从？在电子商务快速发展的冲击之下，传统批发市场又如何应对？批发市场与物流系统之间是什么样的关系？在这里您能看到独树一帜的答案。

【管理学学术前沿书系】

城市批发市场疏解升级研究

物流系统优化及成本管理视角

许海晏◎著

经济日报出版社

图书在版编目（CIP）数据

城市批发市场疏解升级研究：物流系统优化及成本管理视角／许海晏著. --北京：经济日报出版社，2017.1

ISBN 978-7-5196-0048-8

Ⅰ.①城… Ⅱ.①许… Ⅲ.①城市-批发市场-物流-系统优化-研究②城市-批发市场-物流-成本管理-研究 Ⅳ.①F713.31②F253.9

中国版本图书馆 CIP 数据核字（2016）第 282248 号

城市批发市场疏解升级研究：物流系统优化及成本管理视角

作　　者	许海晏
责任校对	孙　楠
责任编辑	陈礼滟
出版发行	经济日报出版社
地　　址	北京市西城区白纸坊东街 2 号（邮政编码：100054）
电　　话	010-63567683（编辑部） 010-63588446　63567692（发行部）
网　　址	www.edpbook.com.cn
E-mail	edpbook@126.com
经　　销	全国新华书店
印　　刷	北京九州迅驰传媒文化有限公司
开　　本	710×1000 毫米　1/16
印　　张	10.375
字　　数	165 千字
版　　次	2017 年 1 月第一版
印　　次	2017 年 1 月第一次印刷
书　　号	ISBN 978-7-5196-0048-8
定　　价	46.00 元

前　言

2014年2月25日，习近平总书记不顾连续数日的“霾锁京城”，走进南锣鼓巷，与民众“同呼吸、共命运”；次日，习近平总书记在京主持召开座谈会，专题听取京津冀协同发展工作汇报，强调“坚持优势互补、互利共赢、扎实推进，努力实现京津冀一体化发展”。至此，京津冀一体化作为一项重大国家战略被正式确立下来，各项措施加快推进。京津冀一体化发展是面向未来打造新的首都经济圈、推进区域发展体制机制创新的需要，是探索完善城市群布局和形态、为优化开发区域发展提供示范和样板的需要，是探索生态文明建设有效路径、促进人口经济资源环境相协调的需要，是实现京津冀优势互补、促进环渤海经济区发展、带动北方腹地发展的需要，也是我国经济社会发展到一定程度的必然需要。

近年来，随着我国经济的快速发展，特大型、大型城市规模不断扩大，造成很多大城市难承其负。首都北京更是患上了严重的“大城市病”——人口无序过快增长、大气污染、交通拥堵、部分地区环境脏乱、违法建设等问题困扰着首都居民、制约着首都的进一步发展。截至2015年底，北京常住人口为2170.5万人，接近于澳大利亚的国家人口（2400万人），其中常住外来人口822.6万人。不可否认，多数外来常住人口为北京的建设与发展作出了积极贡献，有些还发挥着不可替代的作用，但也是造成首都交通拥堵、大气污染、环境脏乱差等重要因素之一。为此，北京市从2014年开始抓紧贯彻落实习近平总书记系列重要指示和京津冀一体化战略，推动区域性物流基地、专业市场调整退出，推动部分教育、医疗、培训机构等公共服务功能向京外发展；集中力量在通州建设市行政副中心，计划到2017年市属行政事业单位整体或部分迁入取得实质性进展，全面落实疏解非首都功能任务，治理首都“大城市病”。2015年，北京各区共清退、拆除低端市场80个、升级改造70个。2016年，北京将实现四环路以内区域性的物流基地、专业市场调整退出；疏解商品交易市场90个左右、升级改造100个左右。不仅北京如此，其他如广州、郑州、武汉等各大城市也都纷纷制定了专业批发市场的疏解升级规划。

作为疏解对象之一的批发市场是经济发展到一定阶段的产物，虽然曾为城市经济社会发展提供了良好的基础支撑，在服务居民生活需求，稳定物价、推动经济发展方面发挥着重要作用。但现有批发市场属于劳动密集型产业，又聚集着大量的人流、物流，加剧了人口膨胀、交通拥挤、环境恶化等“城市病”，加之近年来电子商务的迅速发展，很大程度改变了传统的消费习惯，批发市场的疏解升级在所难免，并且刻不容缓。

批发市场在物流系统中连接物流中心和末端物流网点，属于主要物流节点，承担着仓储、配送、加工、包装等物流功能，其疏解升级导致物流节点缺失，对现有物流系统的规划、信息共享、设施升级、政策以及成本管理等方面带来影响，给现有物流系统的优化提供了契机。城市批发市场的疏解升级已成为国内大中型城市优化城市物流系统、推动城市可持续发展的一种重要途径和手段。另外随着越来越多的城市批发市场将服务功能向物流领域扩展，其产生的物流成本如何进行管理也成为一个新的问题。如何利用这一契机推进物流系统优化、加强物流成本管理，具有重要意义。物流系统优化、加强物流成本管理对促进批发市场的疏解升级，也将发挥重要作用。

本书通过对我国城市批发市场发展历程及现状的介绍，从外部经济需要和自身发展需求两方面分析了批发市场进行疏解升级的必要性，通过介绍北京、广州两个典型城市疏解升级情况，分析了疏解升级中存在的问题。主要以北京批发市场和物流系统为例，分析了目前批发市场在物流系统中所处的位置，探究了在批发市场疏解升级过程中的物流系统优化问题，以及城市批发市场服务延伸到物流领域后的物流成本管理问题，同时借鉴国内外经验，为促进城市批发市场的疏解升级提出相应的建议，为治理城市“大城市病”建言献策。

本书具体研究内容主要由以下七章构成：第一章，介绍本书的研究背景意义和研究内容。第二章，批发市场、物流系统和物流成本相关理论综述，为本书研究奠定理论基础。第三章，批发市场的发展历程和北京、广州批发市场现状梳理。分析了两座代表性大城市的批发市场现状、结构和特点。第四章，首先从内因与外因两方面分析了批发市场疏解升级的必要性。其中外因主要是城市快速发展带来的人口、交通和环境压力逼迫批发市场必须疏解升级，内因则是电子商务的快速发展对传统批发业态形成了巨大的挑战和威胁，迫使批发市场不得不转型升级，为自身发展寻求新的出路。其次，对北京和广州比较典型的区域性批发市场的疏解升级现状进行了梳理，分析了批发市场在疏解升级过程中出现的问题。第五章，首先从批发市场和物流之间的关系入手，分析了目前批发市场在物流系统中所处的位置和发挥的作用，指出无论批发市场选择疏解还是升级都会造成物流节点的缺失，从而带来物流节点与物流需求不匹配，提出在当前京津冀协同发展的大背景下，批发市场的疏解升级为优化京津冀地区的物流系统带来了契机。其次，对北京的物流设施情况进行了梳理，分析其中存在的问题，对如何优化物流系统提出建议，建议构建以城镇空间布局和综合交通运输体系为依托，对传统物流资源进行调整、整合，形成以区域性物流园区、专业物流中心和城市公共配送中心、城市末端物流配送网点为节点，以信息化和物联网技术为支撑的现代物流系统。第六章，首先，结合物流活动分析了批发市场的疏解升级对相关企业物流成本和社会物流成本的影响。其次，以疏解升级后采用创新商业模式的批发市场为研究对象，分析了该类市场在运营中所产生的物流成本及其影响因素，以及在成本管理中可能出现的问题。最后，从加强自身成本管理和借助政策激励两方面进一步探讨了该类批发市场的物流成本管理和控制问题，提出了具体建议和对策。第七章，通过对韩国东大门市场，以及国内其他先行试验的城市批发市场疏解升级的经验介绍与借鉴，提出了批发市场疏解升级的思路、详细步骤，并从八个方面为如何促进批发市场疏解升级提出了相应的建议。

尽管收集了大量城市批发市场的案例作为支撑，但是本书整体上还是偏于宏观视角，部分案例数据收集得不充分，有针对性、可操作性、实践性的具体措施不够多，且部分内容未能深入展开研究，今后还要在具体问题上进一步加强研究。

目　录

第一章　绪　论 ……………………………………………… 1

第一节　研究目的及意义 …………………………………… 2

第二节　研究内容 …………………………………………… 4

第二章　基本概念及文献综述 ………………………………… 7

第一节　批发市场基本概念与文献综述 …………………… 8

一、批发市场基本概念 ………………………………… 8

二、文献综述 …………………………………………… 9

第二节　物流系统基本概念与文献综述 …………………… 11

一、物流 ………………………………………………… 11

二、物流系统的基本概念 ……………………………… 11

三、文献综述 …………………………………………… 12

第三节　物流成本基本概念与文献综述 …………………… 13

一、物流成本 …………………………………………… 13

二、物流成本的分类 …………………………………… 13

三、文献综述 …………………………………………… 14

第三章　批发市场发展历程与现状 …………………………… 19

第一节　城市批发市场发展历程及作用 …………………… 20

一、城市批发市场发展历程 …………………………… 20

二、批发市场的作用 …………………………………… 21

第二节　城市批发市场的现状 ……………………………… 23

一、我国批发市场总体概况 …………………………………… 23
二、北京批发市场现状 ………………………………………… 24
三、广州批发市场概况 ………………………………………… 29

第四章 城市批发市场疏解升级进展与问题…………………… 33

第一节 城市批发市场疏解升级的必要性 ………………… 34
一、城市可持续发展的外在要求 ……………………………… 34
二、批发市场适应新形势谋求自身发展的内在需求 ……… 37
第二节 城市批发市场的疏解升级现状 …………………… 40
一、北京批发市场疏解升级现状 ……………………………… 40
二、广州批发市场疏解升级现状 ……………………………… 42
第三节 城市批发市场疏解升级中的问题 ………………… 43
一、没有“以人为本”………………………………………… 43
二、承接地选择不当 …………………………………………… 44
三、政府支持力度不够 ………………………………………… 44

第五章 批发市场疏解升级中的物流系统优化………………… 47

第一节 批发市场的疏解升级对物流系统的影响 ………… 48
一、批发市场和物流的关系 …………………………………… 48
二、批发市场在物流系统中所发挥的节点作用 …………… 48
三、批发市场疏解升级导致物流节点缺失 ………………… 50
第二节 城市物流系统现状 ………………………………… 52
一、北京物流系统现状 ………………………………………… 52
二、广州物流系统现状 ………………………………………… 57
第三节 新背景下优化物流系统的建议 …………………… 58
一、建立布局合理的智慧化物流园区 ……………………… 59
二、建立分工明确的物流中心 ……………………………… 64
三、完善北京城市物流配送体系 …………………………… 67

第六章 批发市场疏解升级中的物流成本管理 …………………… 75
第一节 批发市场物流成本的影响因素 ………………………… 76
一、物流成本的构成 ………………………………………… 76
二、影响批发市场相关物流成本的因素 ………………… 78
三、批发市场相关物流成本较高的原因 ………………… 80
第二节 批发市场疏解升级对物流成本的影响 ……………… 81
一、对运输成本的影响 ……………………………………… 82
二、对仓储成本的影响 ……………………………………… 82
三、对配送成本的影响 ……………………………………… 83
第三节 加强物流成本管理的建议 ……………………………… 85
一、加强自身成本管理 ……………………………………… 85
二、借助政策激励降本增效 ………………………………… 89
第七章 城市批发市场疏解升级的经验借鉴与对策 ………… 95
第一节 韩国批发市场疏解升级经验 ………………………… 96
一、韩国首尔东大门批发市场情况介绍 ………………… 96
二、东大门批发市场的发展历程 ………………………… 96
三、东大门批发市场升级的规划借鉴 …………………… 97
第二节 国内批发市场疏解升级的经验 ……………………… 99
一、部分城市工业品批发市场疏解升级经验 …………… 100
二、部分城市农产品批发市场疏解升级经验 …………… 104
第三节 加快推进城市批发市场疏解升级的对策建议 ……… 110
一、城市批发市场疏解升级思路 ………………………… 110
二、城市批发市场疏解升级步骤 ………………………… 111
三、促进批发市场疏解升级措施 ………………………… 114
参考文献 ……………………………………………………… 125
附录 1 广州市人民政府关于推动专业批发市场转型升级的
实施意见 ……………………………………………… 130

附录 2　郑州市人民政府关于加快推进中心城区市场外迁工作的实施意见 …… 137
附录 3　广州市工业消费品专业市场评价体系打分表 …… 144
附录 4　广州市农副产品批发市场评价体系打分表 …… 149
后　记 …… 155

第一章　绪　论

第一节　研究目的及意义

近年来，随着我国大中型城市规模的不断扩张，“城市病”等问题日益凸显。批发市场虽然为城市经济社会发展提供了良好的基础支撑，但现有批发市场的模式、格局和机制，在某种程度上加剧了人口膨胀、交通拥挤、环境恶化等“城市病”，近年来我国各大城市纷纷制定出台了主城区专业批发市场外迁的规划。作为特大型商贸城市，北京“城市病”这个问题更为严重。习近平总书记在2015年的中央财经领导小组第九次会议提出，要疏解包括一般性制造业；区域性物流基地、区域性批发市场；部分教育医疗机构；部分行政事业单位在内的非首都功能，其中区域性的批发市场和物流基地的疏解对物流系统影响比较大。北京市是特大型商贸城市，城市物流总额中约有80%都是进向物流，大都需要通过批发市场进行中转。批发市场的疏解升级使得北京物流系统中重要节点可能缺失，原有的支线式物流系统被破坏，导致现有物流系统困难加剧。疏解释放的需求空间将被电商填补，从而加速已然在快速道上行进的电商发展脚步，而电商的膨胀式发展又会带来巨大的物流需求。因此如何解决现有城市物流系统存在的物流瓶颈问题，如何对原有的物流节点布局进行优化就成为了当前迫在眉睫的问题。

鉴于这种情况，2016年国家开始启动“物流业降本增效专项行动方案（2016—2018年）”，大力推动物流业降本增效，推进物流业转型升级，提升行业整体发展水平。提出要以创新体制机制为动力，以推广应用先进技术和管理手段为支撑，以完善落实物流管理和支持政策为路径，加快补齐软硬件短板，深入推进大众创业万众创新，大力发展新模式新业态，激发市场活力，优化物流资源配置，促进物流业跨界融合，建立标准化、信息化、网络化、集约化、智慧化的现代物流服务体系，降低物流成本，提高社会物流运行效率。这一思路不仅为物流业的发展指明了方向，也对物流成本的管理提出了新的要求。作为向物流服务领域延伸的批发市场，也必然在这方面要做出积极应对。

批发市场疏解升级会导致物流节点缺失，对现有物流系统带来一定的影响，相应的规划、信息共享、设施升级、政策以及成本管理等方面出现很多尚待研究的问题。随着互联网+时代的到来，信息流、资金流都可以在网上直接进行，但物流不可替代甚至更加重要。作为曾经是城市物流体系中重要组成部分的批发市场，如何应对城市战略调整和适应行业新环境，是一个需要既需要理论研究又需要实践探索的重大问题。本书研究在城市功能结构性调整，产业转型升级的大背景下，批发市场疏解升级中物流系统优化以及物流成本管理问题，并对此提出一些具有可操作性的解决办法。

通过知网检索2010—2016年的核心期刊，近几年发表的与物流和批发市场相关的论文数量情况统计如下：

表1-1　2010—2016年核心期刊发表的物流和批发市场方面的论文数量统计

关键词	物流	批发市场	物流系统	批发市场+物流	批发市场+物流系统
论文数量（篇）	17801	1505	957	316	16

（资料来源：根据知网检索整理）

由上表可知，目前虽然有大量研究物流和批发市场的论文，但是将批发市场与物流系统结合起来研究的论文相对较少，尤其是高层次的研究更少，如果同时用这两个关键词搜索CSSCI文献，则仅有2篇涉及相关内容，分别是钱廷仙2010年在《现代经济探讨》上发表的《农产品销地批发市场物流配送优化探析》和依绍华2014年在《中国流通经济》上发表的《流通产业公共支撑体系构成及政府介入方式》。钱廷仙提出农产品销地批发市场配送物流的优化，应通过选择第三方物流、流程重构、品质强化、设施改进、增值服务拓宽、信息平台建设、标准体系建立、服务品牌打造和政府政策支持等措施来完成，只侧重于特定市场的特定物流。而依绍华则仅仅是提到了相应的概念，没有做进一步的分析。说明学者们对这一部分的关注度比较低，这些为本书的研究留下了较大的空间。

笔者认为批发市场可以采用不同的商业模式发展，如果其将业务扩展到了物流领域，提供了物流服务，就应该将批发市场作为物流系统的组成部分；其疏解就会影响物流系统，如寿光蔬菜批发市场全部搬迁到寿光农产品物流园，成为整个物流园区的一个组成部分，就说明了这个问题。而且作为物流服务的提供者，批发市场为提供物流服务而发生的成本也应该属于物流成本，会因为批发市场的疏解升级而发生相应的变化。从物流系统优化和物流成本管理的角度来研究批发市场的疏解升级问题，视角比较独特，也会有较多的研究空间。

第二节　研究内容

本书在对我国批发市场的现存情况调查的基础上，通过对我国城市批发市场发展历程及现状的介绍，从外部经济需要和自身发展需求两方面分析了批发市场进行疏解升级的必要性，通过介绍北京、广州两个典型城市疏解升级情况，分析了疏解升级中存在的问题。主要以北京批发市场和物流系统为例，分析了目前批发市场在物流系统中所处的位置，探究了在批发市场疏解升级过程中的物流系统优化问题，以及城市批发市场服务延伸到物流领域后的物流成本管理问题，同时借鉴国内外经验，为促进城市批发市场的疏解升级提出相应的建议，为治理城市“大城市病”建言献策。

全书具体研究内容主要由以下七章构成：

第一章，绪论。介绍本书的研究背景、研究意义和研究内容，阐述本书研究的意义所在，及介绍本书的内容结构。

第二章，基本概念及文献综述，将本书所涉及的基本概念和研究现状进行了介绍，分别对批发市场的概念，分类、特点、采用的商业模式和研究现状；物流、物流系统的概念、特点以及相关研究现状；物流成本概念、分类和物流成本计算方法、控制方法的文献综述进行了介绍，为本书后面的内容奠定理论基础。

第三章，批发市场发展历程与现状。通过介绍批发市场的发展历程，了解批发市场的起源，批发市场在不同的阶段出现的变化，以及分析在当前批发市场面对着困境应何去何从。对批发市场在流通领域发挥作用的分析，可以理解批发市场在流通环节的地位，探讨其是否必不可少，能否被替代。对于批发市场的现状，列举了全国2014年亿元以上商品交易市场经营情况，并以北京和广州这两个比较典型的大城市为例，梳理了它们目前现有的批发市场情况，了解其批发市场的结构以及特点。

第四章，城市批发市场的疏解升级进展与问题。从批发市场疏解升级的内因与外因两方面情况入手分析批发市场疏解升级的必要性，外因主要是城市快速发展带来的人口、交通和环境压力逼迫批发市场必须疏解升级，内因则是电子商务的快速发展对传统批发业态形成了巨大的挑战和威胁，迫使批发市场不得不转型升级，为自身发展寻求新的出路。对北京和广州比较典型的区域性批发市场的疏解升级现状进行了梳理和分析。分析了批发市场在疏解升级过程中出现的问题，如没有以人为本，承接地选择不当等。

第五章，城市批发市场疏解升级中的物流系统优化。通过对物流系统的构成情况探讨，结合批发市场和物流之间的关系，分析了目前批发市场在物流系统中所处的位置、发挥的作用，指出无论批发市场选择疏解还是升级都会造成物流节点的缺失，从而带来物流节点与物流需求不匹配。以北京为例，提出在当前京津冀协同发展的大背景下，批发市场的疏解升级为优化京津冀地区的物流系统带来了契机，为后面的观点展开进行了铺垫。通过对北京目前的物流设施情况及北京物流特点的梳理，分析其中存在的问题，为如何优化物流系统提出了相应的建议，建议构建以城镇空间布局和综合交通运输体系为依托，对传统物流资源进行调整、整合，形成以区域性物流园区、专业物流中心和城市公共配送中心、城市末端物流配送网点为节点，以信息化和物联网技术为支撑的现代物流系统。物流园区作为第一层级的物流节点，要选择在能开展多式联运的地区，建设时要有一定的长远规划，要特别注重物流信息平台的搭建，采用先进的物流技术，如车辆GPS、RFID等，打造出智慧化的物流园区。专业物流中心要根据京津冀各地的特点选择建设，要通过搭建四通八达的交通路线和建立智慧化仓储管理系统，来帮助物流业的快速发展。北京城市物流配送体系则要通过构建二级城市物流配送系统来完善，在北京六环路附近打造环北京城市物流配送中心圈，利用快递网点、超市（商场）等商业设施等作为末端物流配送网点，采用共同配送等先进的配送方式，解决物流最后一公里的问题。

第六章，城市批发市场疏解升级中的物流成本管理。本章通过物流成本的构成情况分析，探讨批发市场会涉及的物流成本，立足于采用创新商业模式的批发市场的角度，分析该市场运营中所产生的物流成本，研究了影响批发市场物流成本的因素，以及在成本管理中出现了哪些问题。在批发市场的疏解升级中不可避免地影响到物流成本，结合各物流活动分析了物流成本会发生什么样的变化，最后从两方面来建议如何加强物流成本的管理。一方面要加强自身成本管理，从运输成本、仓储成本和配送成本三个主要成本构成项目入手，分析批发市场应如何进行成本管理；另一方面要借助政策激励降本增效，鉴于国家为了扶持物流业的发展，出台了相当多的优惠政策，对如何利用这些政策来做好成本管理，降低物流成本，提出了相应的建议。

第七章，促进城市批发市场疏解升级的对策。本章通过对韩国东大门市场的升级经验，以及国内疏解升级走到前面的城市批发市场的经验介绍，提出了批发市场疏解升级的思路、详细步骤，并从八个方面为如何促进批发市场疏解升级提出了相应的建议。对于经过评价不合格的城市批发市场必须要进行疏解，但是要做好承接地的安排工作。对于原地升级的城市批发市场提出了若干转型的方向，如可以在商流物流分离后发展为展示平台；可以引入电子商务，做线上线下共营；可以结合产业，做品牌的培育基地；可以是强化物流服务，向配送中心转型；可以发展为城市综合经济体；可以与物流公司互促，协同发展；还可以引入物联网，大数据，打造智慧化的城市批发市场。

最后的总结与展望，对本书的研究思路和内容进行总结，同时分析本书进行研究时存在的不足，以及对未来城市批发市场、城市物流系统发展的展望。

第二章　基本概念及文献综述

第一节　批发市场基本概念与文献综述

一、批发市场基本概念

（一）批发与批发市场概念

批发是相对于零售的商品交易活动，是与生产或生产消费者以及商品经营者直接相联系的活动，是商品经济发展到一定程度之后出现的交易形式。联合国1990年的《全部经济活动的国际标准产业分类》中规定：批发是向零售商，向工业、商业、机关或专业使用者或向其他批发商转卖新的或使用过的货物和商品，为这些人或公司在商品买卖过程中充当代理人或经纪人。批发的销售对象是零售商、生产商等单位，而非最终消费者，本质特征是转售。它是商品供应链的中端而不是终端。

批发市场是一种介于生产者和生产者之间、生产者和零售商之间的，从事批发贸易，向再销售者、产业和事业用户销售商品和提供服务的中间商业组织或场所。目前我国批发市场数量众多、体系庞杂，其法人经营主体比重比较低，以个体工商户为主。城市批发市场是指坐落在城市里的批发市场，一般都位于人口比较密集的区域。

批发市场由于是流通中的中间商业组织或场所，与其相关的主要是供应和销售两大类物流。供应物流是生产者或供应商将货物运输到批发市场的物流活动，包括运输、储存、装卸等物流活动；销售物流则是指将货物送达顾客手中的物流活动，包括装卸、搬运、包装、配送等物流活动。

（二）批发市场的分类

我国批发市场从经营产品品类来看，可以分为综合性批发市场和专业性批发市场两大类，其中专业性批发市场又可以根据经营的产品内容做更加具体细致的划分，如农产品批发市场、食品饮料烟酒批发市场、纺织服装批发市场、五金建材批发市场、日用品批发市场等。

从流通范围来看，主要分为四类：地方性批发市场、区域性批发市场、全国性批发市场和国际性批发市场。还可以根据货源提供地不同分为产地型市场，纯集散地型和销地型市场。

本文主要以北京、广州等典型城市批发市场为例来进行相应的分析。这类城市批发市场主要是销地型、地方性和区域性批发市场。

（三）批发市场的商业模式

所谓商业模式，其实就是企业生产及销售产品获得收入的方法，也就是企业市场价值的实现模式。批发市场常见的传统商业模式主要有三种，即佣金 + 管理费模式；租金 + 佣金模式，还有租金 + 佣金 + 管理费模式，不同的商业模式有着不同的优缺点，对经营商户的吸引力也各不相同，适用于不同发展时期、不同类型的批发市场。随着经济的发展，批发市场的商业模式也出现了不少创新，其服务逐渐向上游和下游延伸，如向上开发相关配套的工业园区或农业基地，向下组建相关的采购联盟，为采购联盟提供采购、物流、配送、仓储、金融、担保等服务盈利，批发市场在不断寻找新的利润增长点，但是随着供应链的延长，也带来了不少成本管理方面的新问题。

二、文献综述

批发业是流通环节中非常重要的一环。对批发业的研究分为三个阶段，20 世纪 30—60 年代，依附于区位论的批发业区位研究，流行用与批发贸易相关的指标来测量城市中心性；20 世纪 70—90 年代，对批发业区位进行专门研究，并对其形成机制的探讨程度加深；20 世纪 90 年代中期至今，研究批发业的空间优化，并与现代物流业紧密结合（潘裕娟，曹小曙，2014）。但是对批发市场货流空间的研究、批发业交易功能与物流功能的空间分离关注较少，缺乏批发市场的空间演变及其形成机制的研究。我国一直存在的小生产、大流通情况，使得批发市场具有自身特色。我国对批发业方面的研究起步较晚，主要研究集中在批发市场方面，如认为批发市场可以通过分工机制和集群化发展，产生组合优势和联动效应，从而强化批发市场总体交易能力（张远，2013）。城市流通空间存在一定的分化趋势，包括批零分化和虚实分化（石忆邵，2002）。批发市场作为商贸流通中的关键环节，是集商流、物流和信息流于一体的商品集散地（潘裕娟，曹小曙，2012），承担着物流中心的任务，在流通中发挥着仓储职能。批发市场也有生命周期，会被超市、商业中心、展销会或无形批发市场等所代替（洪涛，2000）。

批发市场转型方向的主要观点有很多，认为批发市场可以向零售市场、物流配送中心、综合型的贸易中心转型等，还有的认为不同类型的批发市场应该有不同的发展方向，如产地型的批发市场可以朝两个方向发展，一个是规模越做越大，功能越做越复杂、形式越做越多样，最终向会展型、生态旅游型的产科研、展销游等综合基地发展；另一个是规模越做越小，功能越做越专一，仅保存批发市场的商流和信息流功能；集散地型和销地型的批发市场则分别向物流配送中心和大型连锁超市转型。批发市场也可以向现代采购中心和展贸中心转型。（欧开培，2007）以北京市为例，20 世纪 90 年代北京商业经历了快速的近郊区扩散过程，21 世纪以来，显现向远郊区扩散的趋势，但尚未进入典型的商业郊区化阶段，其扩展区域差异比较显著（于伟等，2012）。北京应以经济手段为主、辅以行政调控、依据空间规划，通过完善监管、提高运营成本、引导转型升级等综合性政策措施，推动中心城区批发市场升级和优化布局（张远，2013）。从区域经济发展的角度，围绕区域经济非均衡发展理论，1966 年美国城市与区域规划学家约翰·弗里德曼在其撰写的《区域发展政策》一书中，提出了“核心—边缘理论”。他认为发展起源于区域内“少数变革中心”，创新总是从这些中心向具有低频相互作用潜力的地区扩散的。他将变革中心称为核心区，将核心区以外的地区称为边缘区，同时，他将经济发展的特征与经济发展阶段联系起来。他认为，区域经济发展经历了四个阶段，相应的空间组织也表现为四种形式：第一阶段，工业化前期阶段，表现为资源要素较少流动，区域之间彼此鼓励，缺乏联系与互动；第二阶段，工业化起始阶段，表现为边缘区的资源要素大量流入核心区，核心区与边缘区经济发展差距拉大；第三阶段，工业化成熟阶段，表现为核心区要素开始向边缘区扩散，边缘区出现次中心，区域间差距开始缩小；第四阶段，后工业化阶段，表现为资源要素在区域间自由流动，边缘区的次中心发展到与核心区相等规模，区域空间实现一体化。

国外发达国家由于批发市场情况不同于我国，对疏解方面问题研究较少，韩国首尔和我国情况有相似之处，首尔在疏解首都功能和升级批发市场方面采用了政策规划和政策引导的方法，其采取的政策手段值得我国政府参考借鉴。

第二节　物流系统基本概念与文献综述

一、物流

随着当今世界经济的发展，物流所占据的地位越来越重要，不同时期的不同学者对物流的理解也不尽相同，最初狭义的物流是指商业销售的物流，而如今这种物流定义早已摒弃，取而 代之的是广义上的物流，即在原先的基础上考虑到了生产所用的原材料、中间过程、各个生产部门运营等多方面因素。我国政府对物流的定义在《物流术语》（GB/T 18354—2006）中，规定为“物品从供应地到接受地的实体流动过程，根据需要，将运输、储存、装卸、搬运、包装、流通加工、配送、信息处理等基本功能实施的有机结合”。按照物流的活动性质划分，可将其分为供应、生产、销售和回收四大类物流。

二、物流系统的基本概念

《物流术语》（GB/T 18354—2006）中将物流系统定义为：“由两个或两个以上的物流功能单元构成的，以完成物流服务为目的的有机集合体。”也可以认为是在一定的时间和空间里，由所需输送的物料和包括有关设备、输送工具、仓储设备、人员以及通信联系等若干相互制约的动态要素构成的具有特定功能的有机整体。从物流网络的角度来看，物流系统一般由物流园区、物流中心、配送中心、末端物流网点四级物流节点与相应的线路构成。

从系统的功能来看，物流系统和一般系统一样，也具有输入、转换及输出三大功能。通过输入和输出使物流系统与外界环境进行物质、能量与信息的交换，系统转换处理则使系统目标得以实现。

三、文献综述

秦璐等学者（2011）指出城市物流功能空间分异导致物流空间结构演化，物流节点不断地分散、集聚，从里到外沿着交通轴线，与城市产业空间和新城耦合发展。物流节点的发展会推动物流网络结构的演化，其结构布局决定了物流通道的结构，也影响区域物流网络的整体形态和运作效率（邬跃，杨洋，2015）。潘裕娟，曹小曙（2012）对广州市批发市场供应物流的空间格局研究后发现，物流节点具有交通指向、区域集中和圈层式布局的特点；货物供应主要以外向型为主；节点的集货规模等级差异显著。企业物流系统里，物流作业内容包括运输、装卸、搬运、出入库、配送、流通加工等环节，每项作业环节都存在着管理的局限性，也就意味着每个作业环节都有其优化的空间。现阶段，国外学者均将研究的重点放在了物流网络布局的优化、配送运输线路的优化以及库存成本的优化上。刘玉坤（2002 年）对于单一配送中心选址方法给出了正确的计算方法：首先对总运输费用求偏导，从而获得微分方程，然后对微分方程进行迭代计算，求得最佳的配送中心地址，而在此问题上，通常所采用的重心法经过他的研究和论证，证明并不适用于单一配送中心的选址问题。

北京是全国航空、铁路、公路枢纽，具备形成便捷高效、辐射力强的区域物流体系的基础（何黎明，2013）。北京需求保障物流较多，高端物流发展很快，低端功能和物流设施逐步向外疏解。物流需求向小批量、多频率变化，城市末端物流成为主导。但北京尚未形成统一、规范、高效的物流系统，公共接货平台不足，共同配送体系不完善；交通限制多，配送通道不畅等诸多问题（温卫娟，邬跃，2015）。李明芳，薛景梅（2015）针对京津冀物流协同发展进行了研究，指出京津冀区域物流可以形成“四轴九辐”的物流网络结构。吴文征（2012）认为物流园区作为大型物流组织节点和资源集聚节点，彼此之间如果形成互联互通的协同运作关系，则可承担引领京津冀区域间物流企业合作与协调的重要角色。

上述研究对于优化物流系统和物流园区布局具有重要意义，但现有研究由于时间原因，对不断出现的新情况分析不够，从物流网络角度出发构建整体物流系统的研究较少，部分研究主要涉及原则方面，对具体应对策略研究较少，例如对北京批发市场疏解升级、物流基地疏解造成北京物流节点的缺失，以及如何在京津冀协同发展大背景下优化物流系统问题关注不够多，对实际操作缺乏一定的指导性。而作为疏解北京非首都功能的主要内容，加强对批发市场疏解升级后重新进行物流系统的规划和相应的物流设施的建造及需要的政策保障支持等方面的研究非常重要。

现有研究对批发市场的转型升级方面关注较多，但是对批发市场与物流之间存在的联系研究得不多，对批发市场与物流系统之间的关系研究得就更少了，没有从物流节点角度对批发市场进行分析的研究，这可能是被批发市场的定义局限，而笔者认为将服务延伸到物流领域的批发市场从某种意义上来说，可以算是物流公司，因此也存在着物流成本的管理问题，也会对物流系统造成影响。

第三节　物流成本基本概念与文献综述

一、物流成本

早在20世纪50年代就有学者提出了物流成本的概念。最初对物流成本理解为实现物流需求所需要的全部支出，包括从供应商到消费者的整个物流过程中发生的全部费用。在日本通商产业省1992年编制的《物流成本核算活页手册》中，物流成本被理解为用金额来评价物流活动的实际情况，物流成本的高低由物流活动的范围和对其采取的评价方法决定。作为交叉性学科，物流学理论在我国经历了理论与概念的引进、产业形成和企业成本分析、功能提升与供应链流程再造、产业融合与智能物流研究等四个阶段，初步形成了适合中国国情的物流学理论研究体系（刘秉镰等，2011）。目前有关物流成本的常见理论包括物流成本冰山理论、效益背反理论、物流第三利润源理论等。第三利润源理论是指在制造成本降低空间不大的情况下，降低物流成本成为企业的“第三利润源”，这充分说明了降低物流成本的重要性。

二、物流成本的分类

在现有的物流成本研究方面，总体上可以将其划分为宏观、中观和微观，中间互有穿插的三个层次。社会物流费用一般被认为是宏观物流成本，目前较一致的观点认为：将物流管理费用、保管费用和运输费用作为社会物流费用的主要组成内容，以这三种物流费用占 GDP 总额的比重为测算指标，该指标越小，说明物流业的成本控制措施越到位。如张琳、吴文娟（2013）认为增长 GDP 会导致物流成本上升，而标准化的物流能减少相应的成本，并通过构建模型进行了验证。而王之泰（2013）认为国际通行的这种分法不能反映宏观物流成本的全貌，目前我国体制性成本在物流成本中占据很大比重，只有降低体制性成本，大力推进流通体制改革，对物流系统加强管理，方能使物流过程中的体制性成本得以降低，从而保证各项规划的全面落实。行业物流成本一般被认为是中观物流成本，其成本信息资料从抽样或问卷调查物流产业内不同企业得来，然后用统计学方法去推算合理的物流成本水平，这种行业物流成本的计算往往会考虑到行业供应链情况，把之结合在一起来进行研究；微观物流成本就是指具体企业的物流成本，将在实现物流需求整个过程中所必需的一切支出均考虑在内，不仅包括物流过程所消耗的人、财、物，还要把涉及存货的占用资金成本、在运输存储时的保险费用、可能发生的损耗、缺货成本等等相关成本都考虑进去，是一个比较宽泛的成本概念。

三、文献综述

近年来不少物流方面的专家学者越来越注重研究物流成本，从宏观到微观，各种研究观点层出不穷。相比较来说，目前研究更广泛和深入一些的主要是微观方面的成本。

（一）物流成本分类及核算研究

对物流成本的不同分类可以为进一步细化成本的核算和管理提供相应的基础，所以国内学者早在 2003 年就关注这方面内容，建议按日本的分类方法来归集成本，将企业物流成本分为内、外两部分物流费用，也有学者认为物流成本应该考虑物流成本形成的不同时期，如货物配送成本、存货库存成本及存货补货成本等。近年来，有学者又提出一些新的观点，如王之泰（2013）将物流成本分为经济性成本和体制性成本，强调减少体制性成本更为重要。宋则（2015）也认为从体制和政策角度划分的经济性成本和体制性成本中，对于体制性成本应该坚决铲除，这是今后的重点方向。

物流成本的重要性得到了学术界公认，建立统一的物流成本核算制度得到越来越多学者的认同。同时学术界在研究过程中也发现，计算物流成本应着眼于供应链物流整个过程而不是某个局部的功能要素（张国庆等，2007；李亚兵等，2011），企业物流成本应重视系统化和综合控制，结合数量分析，全面有效的核算物流成本（顾煜，2005；邵瑞庆，2009）。宋华（2007）系统论述了物流管理会计的本质和内容，提出了需要解决的关键问题：从流程的角度重视和加强物流成本的管理；建立综合性的物流成本管理框架；大力发展增值服务型的第三方物流；积极、合理发挥政府对推动成本管理和现代物流业的指导作用。

（二）物流成本计算方法研究

物流成本计算是成本控制中的关键步骤，针对该问题学者们也作了大量的研究。既有对物流成本整体的计算研究，也有针对其中单项成本的计算研究。对物流成本单项成本计算的研究早先集中在库存成本、订货成本和配送成本方面，现在对逆向物流成本的计算也加大了研究力度。

物流成本单项成本计算方法方面的研究起步较早，如在2000年张毕西等人就对离散型生产系统物流进行了分析，考虑到存在价格折扣情况，建立了计算经济的订货批量与生产批量的数学模型。有的学者注重分析库存水平，构建不同需求的零售商库存成本优化决策模型，有的学者对运输、配送成本与库存成本之间的关系进行研究，并提出根据这种关系优化综合物流成本的思路。

对整体物流成本的计算研究，目前研究焦点在作业成本法上，如：孙朝苑（2005）构建的物流成本核算模型就是以作业成本为基础，将物流成本的核算与计量口径进行统一，并结合了当前我国制造业的财务核算体系情况，具有一定的实用性。罗彪、王琼（2010）以ABC为成本分析基础，建议建立标准成本库，以此来监督物流成本的产生过程，并考核其控制效果，达到对物流成本全过程控制的目的。虽然大部分学者认同作业成本法是企业核算物流成本的合理选择，但是也有学者持不同观点，如邵瑞庆（2006）就认为采用营运成本法核算物流成本更符合我国目前企业的实际情况。

在对物流成本计算的方法研究中，较常见的是分别考虑不同的情况建立某一种数学模型，有些模型通过实证分析能够得到一定的验证，但是由于数据的不好收集，导致多数模型大都是停留在理论的探讨上，缺乏实证数据，其计算结果准确与否还有待检验。

诸多专家学者中，宋华的很多观点较有特色，具有一定的代表性，他对物流成本进行了深入而细致的研究，在不同的阶段提出了许多值得探讨的观点。在对以往物流客户服务管理进行理论回顾和归纳的基础上，他针对中国企业的背景，利用多元回归分析探索了各种第三方物流服务影响因子对委托客户企业供应链物流成本管理绩效的影响，提出物流服务内容上的增值程度和物流服务水准上的贡献程度对于委托客户企业实现良好的供应链物流成本具有较高的影响，从而揭示了当今中国第三方物流如何从效率和效能两个方面入手提供良好的客户物流服务。2006 年他调查了中国主要行业中 120 个企业的供应链物流业务的外包状况，分析探明了当前中国企业供应链物流业务外包的程度，以及专业物流业务运作中阻碍企业物流外包的主要问题。在主要的研究结论中，发现当前中国企业物流外包的关注已从物流简单功能转向服务和与成本相关的因素，此外，客户与第三方之间长期伙伴之间的形成，甚至共同整合物流业务也是当前物流发展的一种重要趋势。遗憾的是该研究只是对中国企业物流外包的状况、程度和特征进行了调查分析，没有深入分析这种外包格局究竟在多大程度上影响到企业的直接或间接经济利益；另外，我国这几年大力发展物流外包和第三方物流的政策效应没有直接得到检验，特别是这些政策举措中，哪些因素具有促进作用，哪些方面仍然不足，存在改善的地方，仍然需要在今后的研究中详细设计和研究。

（三）物流成本控制研究

物流成本控制是包含物流成本计算、分析、决策等在内的综合过程，很多学者对物流成本控制的总体思路及具体路径进行了研究，以期达到降低物流成本的目的。宋华等（2009）通过调查发现，我国企业物流成本管理水平得到了一定发展，但在成本核算管理手段、报告体系和跨功能管理团队等方面存在较大差距。

顾煜（2005）指出企业物流成本控制应结合数量分析，重视综合的系统化控制，深入剖析物流成本控制目标，尽力克服二律背反现象，从而全面有效地核算并控制物流成本。黄炎波、张汉江（2004）认为应该从物流成本核算体系的建立、加强供应链的管理和提高物流成本控制技术三个层次入手来进行物流成本的控制。蔡进（2012）认为全社会都要参与进来考虑如何降低物流成本，不能因为在流通领域形成物流成本，就仅由流通领域去解决该问题。对物流成本控制的总体思路从早先的单个企业的控制，到对整个供应链进行综合控制，再到呼吁全社会都来参与物流成本的控制，并将发展理念、体制、技术、税费等因素都引入控制内容，其研究思路越来越开阔。

也有不少学者着眼于对物流成本控制的具体路径进行研究，如王小玲、李华军（2005）提出通过对物流过程进行优化，保留成本最低的作业、剔除不增值递作业、减少单项作业的时间或耗费、降低各项资源耗费等具体措施，以控制物流总成本。张令荣、杨梅（2005）从供应链的作业成本出发，对生产作业进行了流程分析，综合考虑各项物流作业在总作业中所占比重，来预测物流成本，建立了一体化物流成本数学模型，达到物流成本控制的目的。赵芹（2011）认为物流成本信息是一种动态成本信息，会随时间和条件的改变而改变，因此应注重信息的收集和加工整理，充分运用现代信息技术，以随时掌控成本的变化，更好地实施成本控制。

另外一些学者也研究了相关政策对物流成本的影响。Hens Runhaar 等（2005）探讨了公共政策对货物运输成本的干预，夏春玉（2004）指出，我国现行的物流政策体系还存在政策系统性差、缺乏国际化视野和法律效力、可操作性低等问题。吴爱东（2009）指出，影响国内物流成本最重要的因素就是经济管理体制与制度。宋则等（2008）指出，针对农产品流通领域的行政性高收费、乱收费、乱设卡，属于我国独特的体制性成本，给生产者、消费者构成了巨大侵害。

现有的物流成本研究拓展了我们对物流成本的认识，但是社会在不断地发展前进，新环境下对物流成本的研究又提出了新的要求。比如现有研究较侧重于定性分析，只是探讨了物流成本等相关核算的重要性及可行性，定量分析的研究相对较少，这主要是因为物流成本数据的获取有一定的难度。目前由于企业较少单独核算物流成本信息，因此缺乏实际的成本数据，很难对其进行更加深入的分析研究，但可以考虑通过调查问卷的分析，进一步了解企业实况再进行研究。对于物流成本中包含的不合理的体制性成本，如诸多不合时宜的政策规定和审批制度、税收制度方面存在的缺陷、各种乱收费、各地区之间互相的封锁和行政性垄断、设立不同的标准导致核算混乱及其他各种由人为的障碍而造成的流通支出等，如何使其降低，是应该呼吁政府予以重视的内容。虽然政府近年来已发现这些问题，并有相应的政策出台，但能否彻底改变这种现状，如何减少企业物流成本中不合理内容，其研究仍旧任重而道远。另外考虑到现在社会已经进入大数据时代，如何把物流信息与“云数据”结合起来，在物流系统里建立公共信息平台，按照大物流的思路来降低物流成本，或是未来发展的关键思路。

第三章　批发市场发展历程与现状

第一节　城市批发市场的发展历程

一、城市批发市场发展历程及作用

80 年代初，批发市场作为一种新业态出现在我国较发达城市，在 90 年代开始迅速发展，成为中国经济发展的一个新的增长点。批发市场从 1982 年的第一代马路市场开始，历经草帽市场、大棚市场、室内市场四代的变迁，形成现在主要以商城形式为主的第五代市场。

商品批发市场在我国的发展大致经历了四个阶段：

（一）1979—1984 年，起步阶段

改革开放之初，是我国经济开始转型的时期，也是我国商品批发市场恢复和重新起步阶段。迅速丰富起来的农副产品，需要尽快投放市场，使得城乡集市贸易快速恢复和发展起来，并逐渐扩大规模，形成了自发的产地农产品批发市场。而在一些传统的商品历史集散地，也很容易在生产扩大的条件下形成独具特色的商品专业批发市场。

（二）1985—1992 年，全面建设阶段

这一阶段是我国商品批发市场建设全面展开阶段。在这个阶段，批发市场的发育和发展步伐明显加快，农副产品、工业品等专业批发市场纷纷建立，市场规模和辐射范围不断扩大，逐步发展成为区域市场和全国中心批发市场，市场功能和作用明显显现出来。并出现了批发市场的专业分工，一些原料市场、半成品配件专业批发市场开始出现。

（三）1993—1999 年，快速发展阶段

这一阶段是商品批发市场快速发展并逐步走向成熟的阶段。地方政府有意识的开始推动批发市场发展，形成了批发市场与专业镇联动发展的态势，构成具有鲜明经济特色的群体规模经济，如中国电器之都、中国鞋都

等。出现了大量产地型、销地型和集散地型的农产品批发市场、工业消费品批发市场和生产资料批发市场，辐射范围不断扩大。

（四）2000年以后，两极分化阶段

这一阶段的特征是批发市场出现两极分化特征。一部分大型的批发市场发展越来越国际化、规范化、高档化，如山东寿光蔬菜批发市场的辐射范围已达20多个省市、自治区，成为全国最大的蔬菜批发集散中心、价格形成中心和信息汇集、传递中心。各种新型的商业模式不断出现；而另一部分批发市场发展越来越萎缩化、小型化、低层次化，面临被淘汰的危险。

目前，我国批发市场发展的已经相当成熟，无论是从数量、品种上还是规模上讲，都已取得明显的阶段性成果，形成了以农副产品批发市场为重点的，拥有农产品、工业消费品、生产资料三大类综合市场，以及农产品、服装、日用品等十几种专业市场，有形市场和无形市场相结合的，门类齐全的批发市场体系，统计数据表明，2014年，我国各类商品批发市场约为9万家，从业人数500万人，销售总额为43万亿元，亿元以上的市场总数为5023个，年成交额为10万亿元。

二、批发市场的作用

批发市场是城市发展的必备功能，是产业发展的黏合剂和催化剂。据统计，中国高达80%以上的农产品交易和60%左右的工业消费品和生产资料交易都通过批发市场完成。在城市发展初期，批发市场为各项产业发展提供了必要的市场空间，提供了大量的就业岗位和公平竞争的场所，在方便人民购物和平抑物价方面发挥了极大的作用。

第一，批发市场通过流通、集散功能发挥着便民利民的作用。长期以来，批发市场一直与我国的经济发展水平保持着密切的联系，直接影响着人民的生活水平。因此，从我国实际情况看，在以后相当长的一段时间内，批发市场还将会保持一定的生存和发展空间，目前批发市场与商场、超市、连锁店等商业企业并存，在布局、商品档次、价位上形成互补。批发市场将随着经济的发展不断地改造升级，继续在我国商品流通向现代化迈进过程中发挥应有的作用。

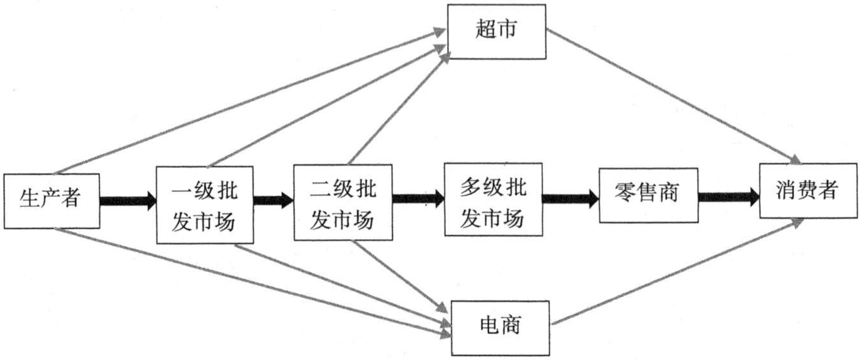

图 3-1　批发市场在流通环节作用示意图

第二，批发市场为中小零售商提供低成本商品，发挥了平抑物价的重要作用。20 世纪 90 年代中期以来，大型仓储超市和连锁店在商业流通领域逐步发展起来，在产品供应渠道多元化的进程中，市场业态仍然显示出独有的优势。尤其是农产品市场更是典型，如新发地的蔬菜批发占北京市场的 70%、水果批发占北京市场 80%；农产品中央市场的特菜批发占北京市场总供应量的 80%，大洋路市场禽蛋的批发量占全市的 60%。这是因为批发市场的经营方式灵活，直接来源于农户，蔬菜、水产等商品新鲜程度高，价位较低。从目前经济发展的实际情况看，批发市场是各种商品，尤其是农副产品供应的主要渠道，由于市场数量多，场内经营主体多、进货渠道多等特性决定了市场的自由竞争格局，且规模化的交易也降低了交易成本，从而客观上起到了平抑物价的作用。

第三，批发市场发挥着传递商品需求信息的作用。作为中国流通体系重要的一环，批发市场的两端分别连着有供给能力的制造企业和有采购需求的中小企业，其供应和需求信息在批发市场得以交换和传递，这些信息对促进上游生产环节调整产品结构和下游零售业调整经营品种发挥着重要的作用。

第四，批发市场发挥着物流节点作用。作为流通的重要环节，为了更好地服务客户，批发市场往往设置仓库，加工场所、车队等物流设施，为商户提供运输、仓储、加工、配送等服务，发挥着物流（配送）中心的作用，也成为物流系统中不可或缺的一个物流节点。

第二节 城市批发市场的现状

一、我国批发市场总体概况

我国批发市场经过30多年的发展，已经有了很大的体量，国家统计局发布的统计年鉴显示，2014年全国亿元以上商品交易市场已多达5023个，成交额高达10万亿以上，如表3–1所示。农产品、工业消费品、生产资料三大类综合市场数量为1376个，其中农产品综合市场占据了半壁江山；农产品、纺织服装、日用品及文化用品等十几种专业市场为3647个，占市场总数量的3/4左右，有近1/4是农产品市场，彰显我国农业大国的特色。

大型批发市场大都集中在城市，尤其是经济发达地区的城市，如北京、广州、上海、郑州等大中型城市。为推动城市经济发展做出了重要的贡献。

表3–1 全国亿元以上商品交易市场经营情况（2014年）

项　目	市场数量（个）	出租摊位数（个）	营业面积（万平方米）	成交额（亿元）
合 计	5023	3534757	29567.92	100309.9
综合市场	1376	1279354	7455.21	22348.7
生产资料综合市场	51	63984	783.34	1395.54
工业消费品综合市场	305	487781	2669.09	7863.04
农产品综合市场	683	423859	2295.33	9332.0
其他综合市场	337	303730	1707.46	3758.12
专业市场	3647	2255403	22112.7	77961.2
生产资料市场	693	293442	6861.2	30366.4
农产品市场	999	565365	4275.4	15507.8
食品、饮料及烟酒市场	130	72041	386.2	1313.9

续表

项　目	市场数量（个）	出租摊位数（个）	营业面积（万平方米）	成交额（亿元）
纺织、服装、鞋帽市场	570	706812	3216.1	14099.5
日用品及文化用品市场	94	67747	296.5	1144.2
黄金、珠宝、玉器等首饰市场	26	16933	189.7	473.1
电器、通信器材、电子设备市场	154	60317	348.3	972.1
医药、医疗用品及器材市场	25	47178	257.9	1507.1
家具、五金及装饰材料市场	576	280793	4141.0	5010.2
汽车、摩托车及零配件市场	273	79728	1471.3	6318.0
花、鸟、鱼、虫市场	30	19820	336.7	436.3
旧货市场	20	9106	36.7	83.1
其他专业市场	57	36121	295.7	709.6

（数据来源：国家统计局网站）

二、北京批发市场现状

（一）北京市批发市场概述

截止到2014年底，北京市共有各类商品交易市场728个。其中，综合市场363个，专业市场365个。出租摊位数214002个，营业面积1322.9万平方米，年成交额3511.4亿元，如表3-2所示。

当前，北京批发市场主要特征体现在以下五个方面：批发市场的区域分布半数在五环以内，市场主办单位以租赁房产为主，中心城区的市场主办单位八成以上租赁房产从事经营，租期普遍较长；批发市场以经营农副产品、小商品、服装为主，大多数都是批零兼营，小规模市场占数量六成以上；大多数商户为个体工商户，以服装、小商品销售居多；市场从业人员八成为非本地户籍人员；市场的直接经济贡献与资源占用相比不成比例，部分市场出租率偏低，说明批发市场竞争力面临严峻挑战。从这些特征看出，虽然在历史发展过程中，北京批发市场对满足居民消费需求、促进地方经济增长发挥过重要作用，但是由于其低端产业特征明显，天然带来的负外部性难以克服，各种相关成本正在日益升高。

表 3–2　北京市商品交易市场经营情况（2014 年）

项　目	市场数量（个）	出租摊位数（个）	营业面积（万平方米）	成交额（亿元）
合 计	728	214002	1322.9	3511.4
综合市场	363	104509	572.5	1722.0
生产资料综合市场	1	310	6.0	0.9
工业消费品综合市场	54	23392	52.6	97.1
农产品综合市场	213	52439	362.3	1425.7
其他综合市场	95	28368	151.6	198.3
专业市场	365	109493	750.4	1789.4
生产资料市场	36	7616	65.9	75.9
农产品市场	52	15139	102.5	439.8
食品、饮料及烟酒市场	15	1699	8.2	4.3
纺织、服装、鞋帽市场	70	34610	219.1	61.0
日用品及文化用品市场	15	9261	19.6	50.2
黄金、珠宝、玉器等首饰市场	13	3273	11.5	24.9
电器、通信器材、电子设备市场	20	5635	18.7	88.2
家具、五金及装饰材料市场	72	14412	133.7	135.0
汽车、摩托车及零配件市场	23	6058	106.2	891.0
花、鸟、鱼、虫市场	15	1862	6.0	1.4
旧货市场	13	7678	13.0	7.5
其他专业市场	21	2250	46.1	10.2

（数据来源：北京统计局网站）

从下表 3–3 可以看出，北京批发市场结构目前呈现出以城市功能拓展区和城市发展新区为主导的格局。伴随着非首都功能的调整疏解，首都功能核心区、城市功能拓展区和城市发展新区的商品交易市场规模逐渐呈萎缩趋势。与 2013 年相比，2014 年全市商品交易市场减少 93 家，其中 59 家来自于城市功能拓展区；全市商品交易市场营业面积减少的 86.89 万平方米，其中 47.52 万平方米来自于城市功能拓展区。

表 3-3　北京市亿元及以上商品交易市场基本情况（2014 年）

项目		市场数量（个）	总摊位数（个）	出租摊位数（个）	成交额（亿元）
全市合计		131	122894	108167	3390.3
按经营环境分	露天式	20	23886	14816	1399.1
	封闭式	102	84816	79836	1657.6
	其他	9	14192	13515	333.5
按市场地理环境分	二环以内	8	8168	7944	47.4
	二环至三环以内	13	18492	17680	69.2
	三环到四环以内	34	32374	31332	1236.7
	四环至五环以内	20	19599	18432	1171.4
	五环至六环以内	25	19506	18034	594.8
	六环以外	31	24755	14745	270.8
按功能区分	首都功能核心区	17	22549	21736	107.2
	城市功能拓展区	67	62161	58912	2526.5
	城市发展新区	29	27966	19939	676.1
	生态涵养发展区	18	10218	7580	80.5

（数据来源：北京统计局网站）

（二）北京服装批发市场现状

在北京非农产品批发市场中比较有影响力和代表性的主要是服装批发市场，现服装市场已形成两大集群，分别是大红门服装市场集群和动物园服装市场集群，本书主要以这两个集群为例来进行分析说明。大红门服装市场集群是面向周边地区、以批发为主的京津冀批发中心，动物园服装市场集群则是以北京市区小微零售商户批零兼营、以零售为主的区域零售中心，这两个市场集群形成对京津冀地区甚至西北、东北的辐射。

1. 大红门服装批发市场集群发展现状

丰台区大红门地区是北方地区最大的服装集散市场，原有各类批发市场 45 家，所有市场总建筑面积约为 161 万平方米，主要经营服装鞋帽、服装面辅料、窗帘、床上用品以及各种小商品批发等业务，批发、零售比例约为 7 ：3，其中各类服装批发市场（包括辅料市场等与服装有关的批发市场）36 家，摊位数近 2.5 万个，经营商户 2 万多家，从业人员约 5.8 万人，80% 的商品销往山西、河北、内蒙古、东北地区，流动人口约 29.5 万人。从业人员及周边生活的为之提供服务的人员超过 60 万人。

大红门服装商圈东起南苑路，南到凉水河，西及海户路，北至海户屯。以大红门服装商贸城为例，日客流量高达数万人，每日货物运输量千余吨，服装批发业务除了供应京城各大商场外，还辐射到全国 20 多个省市、自治区。由于没有给停车场和物流区提供足够的场地，交通高峰其时，出入口的车流和人流交汇处常常形成拥堵，导致交通瘫痪。

2. 动物园服装批发市场集群的现状

北京动物园批发市场（以下简称动批）在 2014 年全国十大最有影响力的服装批发市场中名列前茅。作为北方地区出现较早的服装批发集散地，包括东鼎、天和白马、众合、天皓城、金开利德、世纪天乐等多家服装批发市场。当前的 5 个重点商区都是以相关商品品种为龙头发展起来，之后吸引资本的大量涌入，逐步形成更大规模的批发集散地。据统计，动批原有摊位约 1.3 万个，直接从业人员 3 万多人，日均客流量超过 10 万人，动批商户的库房大都分布在附近的居民楼、地下室，周围聚集物流企业 20 余家，物流活动多在马路边，摊位前完成。加上其辐射和带动的就业人口，动批牵涉到近 10 万人。

动物园服装批发市场以其特有的经营方式在几年间形成了巨大的新增人流、物流、车流，远远超过该区域的建设规划，给市政、交通、环境造成超负荷压力。与动批相邻的是北京动物园公交枢纽站，每天都有 10 多条线路的公交车在这里交汇，交通拥挤不堪。批发市场粗放式的经营占用大量土地、建筑，经济效益却很低。而中心城区土地资源稀缺，批发市场不仅挤占了中心城区高端产业发展空间，还影响了部分区域的投资环境和转型升级。北京市动物园地区的批发商每年给北京市西城区带来经济效益约 6000 多万元，而政府支付的交通、环境等管理费用却超过 1 亿元。近年来在电商的冲击下，动物园批发市场受到较大影响，由于租金较高，商户的收益普遍下降。因此，对其疏解升级势在必行。

（三）北京农产品批发市场现状

表 3–4 北京八大农产品批发市场基本情况

名称	具体经营类别	辐射范围	位置与设施	冷库容积
北京中央农产品批发市场	综合	特菜、酒类。食用菌辐射全市	南四环南五环之间，摊位 1339 个	8000 立方米
北京京丰岳各庄农副产品批发市场	综合，蔬菜、水果、水产、肉类、禽蛋、调料、粮油、服装、办公用品、酒店用品、百货等	北京西南	西四环偏南，摊位 2800 个	
北京新发地农产品批发市场	蔬菜，水果	全市，包括河北周边地区	南四环与南五环之间，2.62 万个摊位	64000 吨
北京锦绣大地农副产品批发市场	综合，以干果、调料、酒店用品为主	西部，干果辐射三北	西四环到西五环之间，摊位数约为 4000 多个	3800 吨
北京大洋路农副产品批发市场	综合，水果、鱼肉、水产、禽蛋、粮油、调料、服装及小商品等八大类万余种商品	东南，辐射 CBD 商业和使馆区，经济技术开发区	南三环和东南四环之间，固定摊位近千个	22000 吨
北京八里桥农产品中心批发市场	综合，蔬菜、水果、水产品、肉禽蛋、粮油、饮料、副食、调料、食品、百货、建材、花卉等近 3 万种商品	东部，通州，朝阳东部，甚至河北一部分，辐射人口预计 200 多万	东五环外，2800 多个室内摊位	5000 吨
北京市昌平水屯农副产品批发市场	综合，菜、水果、粮油、肉蛋禽、副食调料、日用百货以及建材家具等品种	北部，主要包括昌平	北六环以外，门面房 1000 余间	1000 吨
北京顺鑫石门农产品批发市场	综合，蔬菜、果品、粮油、水产、肉蛋禽、调料、副食百货	北京北部，主要包括顺义	六环东北角附近，固定商户 2000 余家	12000 吨

（资料来源：中国农产品流通产业发展报告和作者整理有关市场官网信息）

北京现有的大型农产品综合性批发市场主要有 8 个，5 个在五环内（大洋路、新发地、中央农产品、岳各庄、锦绣大地），一个在五环到六环之间（八里桥），两个在六环之外（水屯、石门）。其基本情况见表 3–4。

据中商情报网统计，2014 年九大批发市场有 3 家排在全国综合批发市场前 20 位，分别是新发地（第一），大洋路（第六），锦绣大地（第十六）。调查表明，作为北京市农产品流通过程中最主要的环节和渠道，居民消费的绝大部分农产品，如蔬菜类高达 90% 的部分都是先通过农产品批发市场进入北京，再经由各类农产品早市、农贸市场、社区菜市场、超市等渠道进入消费者手中。北京已经形成了以新发地农副产品批发市场为龙头，以锦绣大地、大洋路、顺义区石门和中央批发市场等 7 大农产品批发市场为核心，以超市、集贸市场、各类零售门店等多种零售业态为支撑的农产品流通市场格局。

三、广州批发市场概况

广州素来有“千年商都”的美称，依托广交会和珠三角世界级制造业王业基地腹地的区位优势，使连接产销两端中间枢纽的专业批发市场蓬勃兴起和繁荣兴旺，并带动和辐射全国，成为广州经济发展的一大特色和优势。其商业发达，批发市场众多，目前大约有专业批发市场 1000 个，专业批发市场园区 15 个，限额以上批发市场 17 个，总建筑面积达 900 多万平方米，销售总额为 1900 多亿元，涵盖皮革皮具、鞋业、纺织服装、水产品、珠宝、茶叶、酒店用品、化妆品等多个领域，共计 40 多个商品门类，形成了较为齐全的批发市场体系。带动形成了享誉全国的白马服装、花都狮岭皮具和增城牛仔服装等产业集群。

经过多年的发展，一批功能清晰、颇具规模的专业批发市场群逐渐发展起来。目前已经形成以名商天地皮具材料龙头市场、白云世界皮具贸易中心、中澳皮具城、中港皮具商贸城、新兴皮具城为代表的三元里—梓元岗皮具批发市场群；以白云世界服装贸易中心、广州国际轻纺城、长江布匹交易城为代表的中大布市批发市场群；以白马、天马、流花、新大地为代表的站前路服装批发市场群；以中山八路童装批发市场为代表的中山八路童装批发市场群；汇集广州国际鞋业广场、步云天地、西城鞋业广场、天和鞋城、万国童鞋世界为代表的站西路—广园西路鞋业市场群；以山海城、海中宝等大型海味干货批发中心为代表的一德路海味批发市场；以万菱玩具精品市场、德宝交易广场为代表的一德路玩具礼品批发市场群；以东旺食品综合批发市场、江南蔬菜批发市场为代表的增搓路食品、农副产品批发市场群；以谊园为代表的黄沙学生文具、办公用品批发市场群以及附近的黄沙水产品交易市场和全国最大的药材批发市场广州清平药材批发市场；以广州花卉博览园、花鸟虫鱼市场、南方茶叶批发市场为代表的芳村批发市场群等多个批发市场群。 此外，广州还拥有诸如广州东站天汇城、广州国际玩具礼品城、广州南天国际酒店用品批发市场、广州沙溪国际酒店用品城等大型特色批发市场。

表 3–5　广州市亿元以上商品交易市场成交情况（2014 年）

项 目	出租摊位数（个）	总成交额（万元）
合计	89104	24613182
粮油、食品类	10206	4391825
饮料类	499	113393
烟酒类	194	62037
服装鞋帽、针、纺织品类	43581	8693789
化妆品类	2041	115377
金银珠宝类	847	62136
日用品类	14962	2593895
五金电料类	2281	301228
体育、娱乐用品类	112	16424
书报杂志类	105	25667
电子出版物及音像制品类	9	541
家用电器和音像器材类	1077	152539
中西药品类	428	13898
文化办公用品类	1738	194141
家具类	357	19304
通信器材类	651	65310
煤炭及制品类		
木材及制品类	1084	777342
石油及制品类		
化工材料及制品类	267	58623
金属材料类	566	4059094
建筑及装潢材料类	2551	255239
机电产品及设备类	370	52908
汽车类	2734	1854646
种子饲料类	12	328
棉麻类		
其他类	2432	733498

（资料来源：广州市统计信息网）

广州批发市场虽然经历了较长时间的发展，但是仍旧存在不少的问题。从市场层次来看，批发市场主要集中在皮革皮具、鞋业、纺织服装、水产品、茶叶、酒店用品等低端行业。85% 的专业批发市场以出租物业为最大的收入来源，仅限于物业、租售管理。主要采用传统的现货、现金、现场交易方式，交易结算少、税收少、配套不完善、业态单一、竞争力低。从布局来看，老城区低端集聚，新城区成长缓慢。目前，全市约 1000 家专业批发市场，约 85% 集中在都会区，其中越秀、荔湾、海珠、白云各分布 100 个以上，且单体面积小（多在 5 万平方米以下），占据了 19 平方公里左右的宝贵土地，带来了人口、交通等诸多问题，给城市形象和环境造成负面影响。从配套来看，缺乏专业货运站场，与货运物流脱节，第三方物流发展滞后，市政配套设施缺乏。从安全来看，很多专业批发市场依托临时建筑甚至违法建筑，“小、散、乱”现象明显，“脏、乱、差”情况严重，“住改仓”隐患突出，存在消防、治安等安全隐患，出现了大量“五类车”交通违法和非法营运行为。

诸多问题的存在，使得政府不得不下决心进行批发市场的疏解升级。近年来，广州市推进重点商圈升级改造，加快国际会展中心、物流中心、采购中心建设，完善商贸功能，开展一系列商贸展贸活动，推进专业批发市场转型试点，促进产业升级，促进信息、文化、健康、旅游等新型消费，激发消费活力。这一系列的措施取得了较为明显的效果。

第四章　城市批发市场疏解升级进展与问题

第一节　城市批发市场疏解升级的必要性

商贸流通业是推动区域协同发展的关键纽带，也是推动区域产业升级改造的关键。在城市发展和产业升级中，以批发市场为主要形式的批发流通业和以仓储运输为主要形式的物流业曾经扮演了重要角色。但是随着经济的发展，批发市场占地多、纳税少等问题凸显，同时对城市交通、环境污染、消防、安全等诸多方面产生了很大的压力，导致各大城市的大城市病愈来愈严重，几乎每一处大型批发市场都会成为区域交通的拥堵点，诸如北京的动物园批发市场、大红门、新发地等市场；广州的越秀区解放南商圈、白马服装城等。在这种情况下，有序疏解升级现有批发市场，引导城市功能进一步优化，是城市发展的必然要求。

近年来经济的高速发展，电子商务的出现，推进了市场环境和居民消费习惯的改变，农超对接、网上直销、连锁零售公司越过批发市场直接从生产者那里拿货的情况不断出现，对现货批发市场的经营造成了很大的冲击，使得最近几年北京批发市场数量和摊位数都在减少，批发市场可租赁面积已供过于求，这种情况的出现实际是由经济发展新阶段以及商贸流通业发展自身规律决定的。

因此，批发市场进行疏解升级，既有外部因素的推动，也有自身发展的内在需要。从内因和外因两方面来看，外因就是随着“大城市病”的加重，城市的发展需要，有序疏解升级批发市场，引导城市功能的优化，是城市发展的必然；内因就是随着电子商务的不断深化，“互联网 +”的新业态对批发市场的冲击导致其自身要求升级换代。

一、城市可持续发展的外在要求

由于历史原因和城市建设发展的一般规律，专业市场多布局在主城区内。随着经济的持续增长、时间的推移和人口的激增，一方面在城区内部形成了一些大型的批发市场，繁荣了市场经济，提高了人民生活质量，但另一方面，市场周边地区交通拥堵、车辆乱停乱放、噪音严重、卫生状况较差、“民改仓”的问题日益凸显。其主要问题体现在以下几个方面：

（一）缺乏合理规划和布局，无序发展

批发市场的建设本应该根据居民需求和发展区域经济的要求，由市政府进行统一规划安排，才能保证布局合理，配套完善，并形成较强的辐射力，最大限度发挥市场的效用。但是在一些地区政府出台的一些管理办法中，并没有对专业市场的开办进行合理规定，也未对专业市场的布局和数量进行引导和控制，导致出现不顾实际需要，不统筹规划，盲目发展批发市场，重复建设的现象，不仅导致了许多市场资源浪费严重，彼此恶性竞争，还导致了商品分散，市场信息集聚优势弱化，使批发市场最为基本的信息优势都受到了影响。还有些市场由于规划不够合理，吸引大量的客流后，又控制不当，导致市场无序发展，而出现较多问题。专业市场的快速发展，对周边仓储空间产生了较大的需求，然而，由于主城区内用地资源紧张，通常缺乏充足的配套仓储空间。配套仓储供需之间的矛盾，促使现有专业市场的货物，多堆存在市场内部，甚至市场周边的住宅区内，“民改仓”等不规范行为较为普遍。部分批发市场消防安全措施贯彻不到位，存在着很大的安全隐患。如新发地农产品批发市场就属于超规划发展，市场位于城市绿化隔离带地区，规划面积为 150 亩，但实际占地面积已高达 1820 亩。由于市场未经规划发展，市场周围交通、仓储等基础设施严重不足，安全措施不到位，屡次出现火灾。

（二）商流物流合一，造成周边交通拥堵，带来大量外来人口

目前的批发市场基本都是商流物流混合在一起，其物流运作需要占用周边的公共资源，导致周边经常出现物流、人流集中，客运、货运交织融合，呈现严重的拥堵，降低了物流运作效率，提高了运营成本，几乎每个市场的进出口与主要交通连接处都会出现时间长短不等的交通拥堵情况。如八里桥市场位于通州新城核心区，21—6 点货物流从外向内聚集，来自全国的运货车辆经过通州新城来八里桥进行批发交易。7—9 点，14—16 点采货人是从外向内聚集，8—10 点 ，15—17 点采货人离散，预示客户采购完毕，携带货物返回，车流向外辐射。来此采货车流与社会车流叠加，

造成交通长时间拥堵，且内部停车成问题，微循环不畅，违规行车，野蛮占道，行车抢道现象突出。新发地市场地区每天的进出车流量就高达 3 万多辆（次）、客流量 6 万多人（次），已成为首都的严重拥堵点之一。而且新发地的过境型物流比较突出，目前新发地过境型物流中蔬菜约占 20 % 左右，水果约占 40%，加大了南四环的交通压力。另外批发市场也是外来人口聚集的地方，市场商户超过 80% 是外来流动人口，一般一个摊位会带来 3~5 名外来流动人口，部分商户举家经营，多居住在城中村，给社会治安等带来了挑战，也给北京带来了较大的人口压力。如八里桥市场目前市场共有商户 2688 户，以外地商户为主（60%），数量为 1613 户，外地人员家属大概数量 8000 名，依附市场人员约 20000 人。主要居住在周边地区，造成了大量外来人口集聚的情况。

（三）批发市场基础设施建设不足，管理水平、信息技术水平低下

部分批发市场经营业务雷同，经营品种大同小异，缺少特色，同质化现象较为严重。市场的基础建设不足，商流物流混在一起，物流基础设施单薄，缺少配套的冷库仓储，分类包装加工等设施；水电系统、道路、场地设施等基础硬件的改造建设还有待改进，垃圾污水处理系统不够完善，造成市场环境较差。

部分批发市场内经营主体主要采取摊位式经营和对手交易方式，普遍采用现金、现货的交易结算方式，不符合现代化流通的要求。市场管理水平低、功能不完善、制度不健全，许多市场管理行为与交易行为不规范，而且批发市场的信息化水平较低，现代化的信息管理技术使用较少。市场信息指导、综合服务等功能没有得到有效发挥，使市场缺乏吸引力。

（四）部分传统批发市场低档化、缺乏消费吸引力

目前，部分批发市场经营的产品仍为低档次的日用消费品和生产资料，其特点是商品质量差、技术含量低、商品价格低。因此传统批发市场往往成了商品低档的代名词，导致一些较有知名度的品牌产品纷纷撤走，另建别的销售渠道，有的市场就拿假冒伪劣产品来替代这些撤出的品牌，造成批发市场的声誉受损，更加阻碍了有品牌产品的入驻。其实，随着城市居民收入和消费水平不断提高，原先的商品定位已经不能满足城市居民的需要，而批发市场如果不能对商品品质结构及时调整升级，其市场空间

就会不断萎缩，直至无法经营。

从以上分析可知，主城区内大量专业市场的存在，不仅自身存在着各种问题，还导致了很多的社会问题，已经阻碍了城市的可持续发展，也不适应现代物流业发展的需要，在此背景下，我国城市纷纷实施专业市场等商贸物流设施外迁的计划。主城区内专业市场的外迁，从产业发展的角度来看，这些专业批发市场通常建筑物陈旧，容积率较低，实施外迁，为商贸物流业向现代物流业、供应链管理的转型升级，提供了非常宝贵的用地空间；从城市空间结构优化的角度来看，主城区内专业市场的外迁，有利于实现城市功能的有机疏散，同时由于大型车辆不再进入市区，缓解了交通压力，减轻了空气和噪音污染，改善了城市环境，推动了城市的可持续发展。综上，专业市场的有序外迁，是建立城市物流系统、推动城市可持续发展的重要手段。无论从国外城市发展的一般规律，还是从区域经济发展和城市空间规划的角度来看，批发市场的疏解升级都是推动产业转型升级、优化城市空间布局的有效举措。

从目前来看，经济发展的需要使国内批发市场建设的速度逐渐下降，批发市场开始注重转型升级和优化市场布局，出现传统批发市场向大型商场转变；批发市场向物流园区转变；批发市场功能走向综合化；批发市场转向郊外集聚发展的新特点。

二、批发市场适应新形势谋求自身发展的内在需求

近年来随着我国电子商务的迅猛发展，网购交易规模也迅速扩大，中国消费者的网购销售额已经占全球网购销售额的近一半，并且这个比例在不断攀升。2015 年，中国在线零售额为 5816.1 亿美元，比 2014 年同期猛增 33%。预计到 2020 年之前，还将以年增长率 22% 的速度增长。2015 年在电子商务快速发展的强势需求拉动下，网上购物在社会消费品零售总额的渗透率已达 12.6%，预计到 2020 年将达到 20%。迅速扩张的网购规模也引爆了快递配送需求，2015 年规模以上快递业务量达 206.7 亿件，同比增长 48%，稳居世界第一，其中网购占比 70% 以上。

批发市场作为供应链中的“分销”环节，实体批发与其他分销体系存在相互替代关系，在国外大型专业化分销商的出现事实上替代了实体批发市场。而由于中国流通体系发展相对滞后，基本没有具有现代意义的大型

分销商出现，因此没有对批发市场造成大的影响。但是随着电子商务的快速发展，导致出现大量网络分销平台，即企业将分销、批发业务搬到互联网上，通过网络就可以完成新产品铺市、销售渠道建设、分销商管理等一系列活动，使实体批发市场受到了极大的冲击。实体批发市场原本具有的实物商品展示和搬运（物流）、信息汇聚和价格形成（信息流）、交易结算（资金流）的三个功能，在互联网的冲击下，已经从实体批发市场中逐渐剥离。

首先，网上汇集了大量的买卖交易者，能够形成一个虚拟完全竞争市场，最终会得到市场均衡价格；其次，交易和支付也逐步疏解到互联网平台上。最后就剩一个物流的问题无法在互联网上解决。对于像服装、首饰等非标准化的商品，客户不能只看图片和文字描述就进行交易，还需要现场试穿、试戴看效果，通过手摸接触，来感受材料的质感和工艺质量。而对于标准化程度高的商品，如五金、建材等工业品，客户只需要有评判质量优劣的标准即可，不需要再进行现场展示。当商品交易完全通过互联网来完成时，就算是需要现场展示的商品，也不再需要大量的库存，而只保留少量的样品即可。因此批发市场的规模会缩小，仓库也可以不用在市场附近，而是疏解到较远的地方。如以后的服装批发市场商铺里只有一些进行款式展示的样品，可提供客户的试穿服务，而商品交易结算均在网上完成，所订购商品直接从电商仓库发货到客户指定地点。要实现批发市场与物流的剥离，就要建立专业化的电商仓库，将批发市场商户的商品集中存放于电商仓库管理，店内交易完成后，直接由电商仓库发货，因此未来批发市场的交易方式应该是：店铺进行商品展示，与客户商谈交易，线上进行支付，仓库统一调配货物，直接配送给客户，整个交易过程快捷安全高效。

网上批发市场的出现改变了传统批发市场的现场、现货、现金的交易方式，当信息和交易结算转移到互联网上后，批发市场存在的意义就在于商品展示和客户体验等配套服务。批发市场的经营模式从传统有形市场转变为将有形市场与虚拟市场相结合的互动经营模式。按照目前这种发展情况，未来的批发市场数量将大幅减少，并形成一定的分化。对于需求比较稳定的商品，如农产品、大宗原材料、五金建材等，物流成本占比较高，通过规模化能有效降低其物流成本的，其批发市场会继续保留。尤其是农产品市场受互联网影响较小，因为农产品供给高度分散化，而城市居民的需求稳定，但对食物多样化、个性化的需求却日益高涨，一段时间内不会有太大变化。虽然这些商品的一级和二级批发市场会保留，但是二级往下的批发市场，还是会出现分化，如大宗原材料、建材等标准化比较高的会转型为物流园，而五金、生鲜蔬果等可能转型为零售或更小批量的批发。对于标准化程度低、需求波动较大的商品，如服装、首饰、工艺品等商品的批发市场，保留全国一级批发市场，和少数几个二级批发市场即可，其他的大多会转为零售点。批发市场作为众多中小企业的共享式销售渠道，曾经发挥过很大的作用，但是电子商务的快速发展使其不得不转型升级。

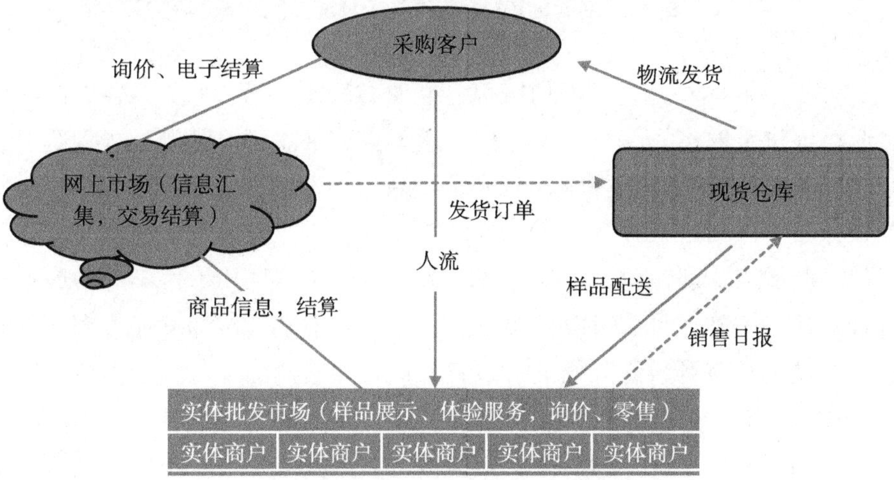

图 4-1　现代批发市场交易示意图

在平台经济的新环境下，电子商务对传统商贸的冲击使得我国国内商贸流通方式发生了很大的变化。传统流通体系正逐步重构成为以线上店铺为价格标杆、以线下店铺为体验展示、以在线支付为媒介、以配送体系为支撑的新型流通架构。批发市场的传统功能逐步让位于生活方式选择和体验展示空间，其功能和空间面临重构，传统的线下一体化的体验、交易和物流功能将逐步分离。

综合内外因的影响，可以看出我国国内商贸流通发展已经进入新常态：第一，我国已经进入到商品消费向服务消费、基本消费向发展型消费升级的阶段，个性化、多样化消费渐成主流；第二，信息技术的发展应用对流通行业产生深远的影响，流通方式将进行不断的创新。

对北京而言，推动以批发市场为代表的传统流通产业形态的升级改造是适应京津冀协同发展的必然要求。客观上讲，实现城市功能和空间的重构，特别是推动首都批发市场的疏解升级是城市空间集约利用、城市功能优化调整、商贸流通产业自身升级的必然选择。北京应该注重批发市场的功能优化和经营模式创新，及时调整批发市场的布局，控制其规模，才能适应新常态的经济运行态势。基于此，推动北京批发市场的空间和功能完善，既是顺应产业发展趋势的必然选择，更应该是京津冀协同发展、完善首都功能的必要选择。

第二节 城市批发市场的疏解升级现状

为了破解批发市场发展的困境，同时减轻“大城市病”，各地纷纷出台政策促进批发市场疏解升级，如北京落实《京津冀协同发展规划纲要》中对非首都功能疏解的要求，出台了《新增产业的禁止和限制目录》。广州发布了《广州市人民政府关于推动专业批发市场转型升级的实施意见》（详见附录1），郑州出台了《郑州市人民政府关于加快推进中心城区市场外迁工作的实施意见》（详见附录2），在各城市批发市场外迁规划出台之后，各地批发市场纷纷开始进行疏解升级，在政府的大力指导、政策支持及督促下，有的市场进行得比较顺利，而在有的市场却遇到了相当大的阻力。下面仍以北京和广州两个城市为例，介绍其批发市场疏解升级进行的情况。

一、北京批发市场疏解升级现状

北京作为首都，其批发市场疏解升级情况一直备受各方关注。在疏解非首都功能的要求下，各区领导高度重视，各类区域性批发市场的疏解升级工作取得了一定的进展。

（一）工业消费品批发市场

目前大红门服装商贸圈正在加快该地区批发市场疏解升级的步伐，截至2015年底，大红门地区已经关停了包括北京世贸天地皮草城、天海服装批发市场在内的12家市场，削减商铺5900多户，清腾建筑面积34万平方米，减少直接从业人员约1.83万人。改造升级天雅女装、方仕窗帘城等8家市场。预计2017年大红门地区将完成全部批发市场的疏解，只保留10家左右符合北京市场需求的批发市场进行升级改造。河北廊坊、天津永清、保定白沟等北京周边城市成为疏解商户的承接地。大红门服装批发市场将由原来主要服务于华北、东北、西北等地的区域性批发市场转为主要服务本地市民的地方性市场，从单一的服装纺织品批发集散地转为以服装时尚文化、创意服务为特色的时尚生态圈。

截至2015年底，备受瞩目的“动批”已疏解升级7个市场，合计20.6万平方米，其中疏解12.6万平方米，1.3万个摊位中，减少近7000个，有8万平方米的市场进行了升级。其原有商户疏解到了廊坊、永清、保定白沟、沧州、黄骅等地。2015年12月9日，位于西城区的东天意即地安门天意市场也正式撤市，2016年西城区政府将加快对金开利德、万容天地、天和白马和众合市场的疏解，全面启动并基本完成世纪天乐、东鼎疏解，启动西天意、官批、万通的疏解工作，推动马连道地区市场主体升级。

除了以上两大批发市场聚集区以外，其他地区的批发市场也在按部就班地进行疏解升级，如海淀区政府疏解中关村海龙大厦、鼎好大厦、中关村地下广场等电子及小商品批发市场6.6万平方米，消减直接从业人员5000名；朝阳区西直河石材180万平方米的市场全部拆除，复垦土地和绿化建设2045亩，减少商户和流动人口3万余人，市场商户已纷纷疏解到河北香河、易县等地。数据显示，北京市在2014年疏解升级商品交易市场100家的基础上，2015年继续疏解升级57家，减少市场营业面积94.8万平方米，减少出租摊位数2.1万个。2016年上半年，北京市再接再厉，又疏解升级商品交易市场25家，疏解商户1.2万余户。

（二）农产品批发市场

农产品批发市场也开始进行疏解升级的工作。原来九大农产品批发市场之一的城北回龙观农产品市场在2015年已经完成搬迁工作；城北回龙观商品交易市场于2003年开始运营，经过十几年的发展，成为京北最大的农产品市场，但是随着市场的发展，受产业层级、区域位置等各种因素制约，市场暴露的问题也日益凸显，比如市场内及周边的人流、车流量巨大，拥挤不堪；各种商户宿舍、出租房屋无序滋长，导致流动人口大量聚集，环境脏乱差的情况突出，消防、安全生产、社会治安等隐患较大。于是从2015年10月16日开始，回龙观镇启动了城北回龙观商品交易市场清退整治工作，到2015年底拆迁完毕了4万平方米，累计腾退商户摊位数7775个，占总数的94.5%；到2016年3月31日前完成了全部商户清退工作和市场的整体拆除，实现场清地平。清退商户部分疏解到了河北张家口市，实现粮油、淡水鱼、海鲜等批发商品功能北移，同时保障了城北市场的原有辐射区域。

2016年北京市还继续扩大农产品市场疏解升级的范围，如现有的八大农产品市场之一的八里桥市场2017年初也将进行疏解升级，八里桥市场占地面积40万平方米，营业面积20万平方米。2015年，市场交易量实现14.5亿公斤，交易额实现96.7亿元，是京东最大的综合性农副产品批发市场。可以预见，八里桥市场的疏解升级会对北京副中心——通州的交通和环境带来相当大的影响。但是由于农产品批发市场的特殊性，该类市场不可能大面积疏解，大部分的农产品批发市场还是会保留，但是需要做好原地改造升级的工作。

二、广州批发市场疏解升级现状

2014年1月13日，广州市政府正式公布了《广州市关于推动专业批发市场转型升级的实施意见》，布置9项任务进行改造升级，包括：推进试点市场原地转型升级向展贸交易中心发展，传统专业市场向购物中心、商业街等业态转变，搬迁关闭低端市场，推广应用电子商务等。《广州市人民政府关于推动专业批发市场转型升级的实施意见》提出，到2016年，全市60家批发市场实现转型升级，形成空间布局合理、国际化和现代化水平大幅提高的现代批发市场体系。自此，广州批发市场的疏解升级工作正式拉开序幕。

广州越秀区早就尝试进行专业市场的疏解升级，先后尝试过“单纯清退”“异地安置”的办法，但都没有成功，最终的策略是“原地升级＋异地安置”，原地升级是用电商提升商户的经营模式，异地安置则是将仓库建在郊区。

2014年以来，越秀区率先出台专业市场管理负面清单和权责目录，制定产业提升名录，关闭搬迁不安全、不合法、不规范“三不”专业市场14家，建成专业市场电子商务孵化基地，推动一德路干果海味等32家传统专业市场借助电商和现代物流发展。广州大都市鞋城在2015年关闭，解放南商圈少了25%的成交额。

承接广州解放南商圈疏解的财富天地国际鞋业广场有26万平方米的建筑面积，地处三大传统商圈交汇，地铁5号线直达，紧临广州火车站、省市客运站，交通四通八达。周边仓储设施、配套物流服务完善；市场批发兼容零售，有现货、订单、内销、外销、电商五大销售渠道。目前全场已入驻逾3000商家，短短60天便完成与解放南商圈、部分站西鞋业商圈的疏解升级对接。同时，财富天地国际鞋业广场项目也是广州规模最大的三旧改造项目，契合广州市“大力发展现代服务业”以及积极谋划“商贸服务业转型升级”的战略部署。这是广州首个整体搬迁的专业市场，承接的财富天地国际鞋业广场也于2015年3月12日正式营业，来自解放南商圈的近千商家开始在世界顶级配置的现代化专业市场中迎接中外客商。该项目实现了广州商业史上难得的整体搬迁效果，亦是荔湾区传统商贸业提升和传统专业市场转型升级的一个亮点。

第三节　城市批发市场疏解升级中的问题

总体来看，我国的批发市场疏解升级工作已经进行了一段时间，取得了一些进展。但是疏解过程中还是有一些问题存在。

一、没有“以人为本”

在疏解升级过程中，主要通过公告等方式来通知商户，事先沟通不畅，没有充分调动市场管理主体和经营主体的积极性，对市场经营主体的诉求没有充分把握。导致一些商户意见很大，甚至出现了强硬拒迁户，为担心影响自身的利益，做出过激举动，给管理方施加压力，迫使管理方让步。如合肥周谷堆批发市场在外迁时，部分商户因为档口选择的问题，在管委会办公室聚众闹事，有的甚至以死相逼，给管理方带来了很大的精神压力。在南京，也发生了政府强行关闭市区的批发市场后，大量商户抵制落户于新的高标准农产品批发中心的事件。有的市场管理主体采取了一些片面的措施来对待商户，对部分疏解到外地的商户，采用了一些没收营业执照等不当手段，引发了商户的不满，影响了疏解进度。

二、承接地选择不当

对商户承接地选择较为被动，没有深入考虑商户的合理诉求，在选择承接地时没有考察其全方位的情况，实施搬迁方案过于仓促，导致商户的不配合。有一些承接地，人口较少，自身消费能力不足，且交通不方便，没有人气。而且教育、医疗等公共设施不配套，住宅、酒店等很多建筑都只是在规划中，长远来说其预留的建设用地也不够。如北京选择的承接地白沟等地人气不旺，只是一个副县级镇，人口不到 20 万，自身消费能力不足，导致部分客户只是在市场摊位挂几件衣服，而没有实际进行经营，照旧在大红门商圈经营等问题，这不利于市场顺利搬迁。白沟交通也不方便，目前，还没有铁路或高铁线经过白沟镇，京港澳、津保和大广高速公路虽然穿径和侧径而过，但由于缺少快捷的高速连接引线，交通仍不方便。这些情况都将导致搬迁过去后商户经营困难，所以很难吸引商户外迁。如广州市将一德路玩具市场搬迁至黄埔玩具城，后者号称将建成“全球最大的玩具礼品商流中心”，但因没有人气几乎沦为空城，搬出去的商家又回了一德路。而郑州在市场搬迁过程中，由于市场承接地建设相对滞后，在建的作为外迁承接地的各大新兴专业市场，除了华南城建设速度较快外，其他项目的进度相对要慢一些。这就使得新老市场的衔接出现了时间差，使得各方面的利益博弈形成了拉锯状态，也让市场已经拆掉的商户心里极为忐忑。政府并不强制商户迁往何处，而很多新建市场的进度也满足不了商户外迁的需要，因此，是迁是留、是现在迁还是以后迁，对不少商户来说便成了问题。2013 年拆除的多家市场的商户不得已采取了分散经营的策略。以位于航海路上的郑州汽摩配件批发市场为例，2013 年 12 月份这里已被夷为平地。原批发市场的商户一部分自发聚集在附近的美林河畔小区楼下开店，一部分则分散到路边商铺。

从这些例子可以看出，加强城市建设、产业布局的计划性十分重要，不仅要搬得出，还要留得住，这需要统筹规划。

三、政府支持力度不够

外迁的土地一般属于商业用地，还需要“招拍挂”，对批发市场来说拿地成本很高，也限制了批发市场的外扩发展。另外政府对批发市场附属商业设施建设的规定不灵活，相应商业住宅的建设受到较大限制。虽然政府对批发市场的疏解升级比较重视，但没有拿出相应的政策来支持鼓励，有的即便有政策，但是不执行或执行不到位的情况也很普遍。如北京西城区对租期较长的动批商户合同问题，目前没有太有力的解决措施，涉及的商户数量众多，对商户的补偿问题难以实现。

第五章　批发市场疏解升级中的物流系统优化

第一节　批发市场的疏解升级对物流系统的影响

一、批发市场和物流的关系

批发市场自问世起就与物流有着密切的联系，商品在市场聚集，然后再从市场发散出去的过程中，无一不与物流活动息息相关。但批发市场在较长的一段发展时间内，只专注发展其交易功能，而忽略了其他功能的拓展，造成批发市场的功能比较单一，不能适应快速发展的经济需求。所幸随着经济的发展，不少的批发市场认识到了这个问题，纷纷开始改变原有的商业模式，将业务扩展到物流领域，为经营商户和客户提供集货、流通加工、存储、包装、分拣、配送等物流服务，取得了不错的经济效益。

批发市场具有良好的发展物流的条件基础。在长期的发展过程中，批发市场形成了客户众多、经营品种齐全、货源和信息渠道都十分广泛的优势，这些都是发展现代物流的非常有利的条件。批发市场是中小生产企业、流通企业的聚集地，是连接产需的枢纽。只要能够因势制导，充分利用和发挥这些优势，一些批发市场完全可以和现代流通方式实现有机融合，相互促进，在推进流通现代化方面大有作为。

二、批发市场在物流系统中所发挥的节点作用

物流节点是指在物流网络系统中连接物流线路的结节之处，是物流作业活动的空间聚集场所，也是物流线路的起点、中转点和终点。广义的物流节点是指所有进行物资中转、集散和储运的节点，包括港口、空港、火车货运站、公路枢纽、大型公共仓库及现代物流（配送）中心、物流园区等。狭义的物流节点仅指现代物流意义的物流（配送）中心、物流园区和配送网点。

我国的国家标准《物流术语》对于物流园区的标准描述是：是多种物

流设施和不同类型物流企业在空间上集中布局的场所，是具有一定规模和综合服务功能的特定区域，也称物流基地。目前我国理论界和实务界对物流园区的概念与标准并没有统一认识，经常把物流园区、物流基地、物流中心、配送中心这些不同层级的节点混在一起统称为物流园区，而笔者认为如果混在一起，不能清楚地体现出不同层级的物流节点分别应发挥的作用，另外在国家标准《物流术语》中也分别对物流中心和配送中心作出了不同的定义，因此本书采用的观点是将物流园区视为第一层级的节点，物流中心为第二层级的节点，配送中心为第三层级的节点，大量分散的末端物流网点则是第四层级的节点。这样的分类也是按照物流的运动方向来进行的，比较符合逻辑，而将物流园区、物流中心、配送中心、末端物流网点四级物流节点与相应的线路组合在一起就构成了一个完整的物流系统。

物流园区是将地域的空间布局与综合服务功能融合在一起的物流节点或物流平台，它是物流企业与相关企业如运输、仓储企业和中介服务机构的聚集区；物流中心比物流园区规模小，功能差不多，但更专业化，往往建在城郊，有较大的用地和较发达的交通，也是物流企业的集中地；配送中心有大小型之分，大型配送中心具有较大的综合功能，包括仓储、加工装配、运输和配送等；小型配送中心一般只具有转储、运输功能。末端物流网点直接面向最终消费者，数量多，分布广，一般只承担运输功能。

单从批发市场的定义上来看，批发市场作为一个中间商业组织或场所，不具备物流功能。但是由于批发市场一直是商流物流合一的运作模式，决定了批发市场与物流活动有着密切的联系。随着经济的发展，批发市场也不再只是发展其交易功能，而是将业务向上游和下游延伸，其中向下游延伸的主要服务就是物流配送服务。因为配送对批发市场意义重大，在批发市场中采用配货和送货为核心的配送方式来衔接供需关系，可以实现市场库存的集中，降低市场商品的总备用存量，有利于将顾客的小批量货物需求集中起来，确保送货车辆的满载率，实现货物运输的规模效应。当批发市场具备提供物流服务功能的时候，就意味着批发市场也是一个物流节点，在城市物流系统中发挥着储存、配送、装卸、搬运、流通加工等物流节点作用，从其所承担的物流功能来看，基本属于三级物流节点——配送中心的范畴。它连接着物流中心和末端物流网点，发挥着重要的集聚和分流的作用，对其进行疏解升级就会导致该部分的物流节点缺失。

例如作为特大型贸易城市，北京一直呈现进项物流、需求保障型物流特征突出的特点，北京现有批发市场一千多个，大型批发市场一般都有配套的物流设施，同时发挥了储存、装卸、搬运、流通加工、配送的作用，为超市等连锁商业提供服务，属于北京物流重要节点，批发市场、物流基地等的疏解升级必然会给全市的物流系统带来一系列变化和亟待解决的问题。

三、批发市场疏解升级导致物流节点缺失

批发市场疏解，指的是在坚决遏制不符合中心城区发展的新生市场的同时，逐步引导批发业态转移出中心城区。而升级则主要是指对相关区域进行整体规划和重新定位，将原有的批发零售业态调整为订单销售、样品展览展示、电子商务等业态，形成业态时尚引领区，文化商务旅游、科技与民生产业的融合区，搭建服务平台，引入和培育设计、科技金融、文化金融等新型业态，为区域发展注入新的活力。不同的批发市场到底是应该疏解还是升级，要结合实际情况来进行判断。首先要对批发市场进行认真摸底调查，了解其现状，进一步分析应进行疏解还是原地升级。判断标准首先要看该批发市场是否符合城市总体规划、土地规划，产权是否清晰；能不能满足消防、安全生产等要求；能否做到商流物流分离；商品消费人群是不是主要来自本地，这些都是基础要求；其次要进一步看该批发市场有没有采用现代交易方式（电子结算、电子交易系统等）和经营方式，有没有物流配送服务机构，能否建立冷链物流配送体系等。如果不能满足基础条件的，则被列为疏解对象；而能满足基础条件但达不到进一步要求的，则应考虑能否在短时间内升级，如果不能，也应及时进行疏解。目前来看，位于首都功能核心区城六区的服装批发市场、小商品市场，家装建材市场、电子产品批发市场等都应该属于需要疏解的范畴。而对于农产品批发市场，由于其不同于其他产品的批发市场，还要考虑其保障本地民生及储备物资的作用，不可能像动物园批发市场那样整体搬迁，而是应该尽量保留，在现有基础上做好分类疏解升级的工作。

虽然批发市场的疏解升级符合城市发展的需求，但是作为流通环节的重要一环，批发市场的疏解升级必然会影响所在地区的企业生产和居民生活，带来市场供求关系的变化。如北京城北回龙观商品交易市场外迁后，

当地居民意见较大，城北回龙观商品交易市场是以农副产品批发为主的综合性现代化交易市场，2003 年 6 月投入运营，市场占地 1100 亩，总建筑面积 35 万平方米，包括 3.5 万平方米大型家居广场 1 栋、交易大厅 20 栋。主要经营蔬菜、水果、粮油、肉蛋禽、副食、水产、小商品、服装等项目，商品来自全国各地，销售主要辐射北京海淀北部、昌平等地区及河北、天津、内蒙古、山西及东北三省。2015 年底搬迁后，导致周围缺少相应的物流节点，原来的大批量运输转变为小批量运输，加大了运输成本，附近超市和各个小零售店的农产品因物流成本的增加而导致进货成本增加，不可避免地抬高了当地的农产品物价水平。

即使批发市场没有疏解而是进行了升级，升级后的批发市场一般会侧重于产品展示、服务体验或引入新型业态等，也会大大减少仓储面积，减少配送业务。所以无论批发市场选择疏解还是升级都会导致物流节点缺失，原有的物流链条被割断，商场、超市、零售商等都需要重新寻找供应商和相应的物流提供商，而居民消费的不能满足会导致填补需求的电商快速发展，电商发展又会带来更大的物流需求。因此批发市场疏解升级后城市面临着重大物流需求缺口，物流需求与物流节点不匹配的情况比较严重，城市现有物流节点布局只能基本满足民生和经济社会发展需要，在新形势下还存在着不少的问题，例如物流节点布局不够合理，有的地方过于聚集，有的地方却又过于松散，造成一些物流资源的浪费；对核心节点物流园区的考核过于强调其经济功能，忽视其公共服务功能；一些物流节点定位不准确、没有形成公共性的物流中心和配送中心群；规划不够合理，出现了一些自发形成的非规划内的物流聚集区，如北京的木樨地、京南地区等；过境型物流问题严重等。

另外，现在政府倡导区域经济共同发展，其中京津冀区域是重点发展的区域之一。在京津冀协同发展的背景下，京津冀三地以往的各自为政，偏重地方发展的物流规划已经不能满足新形势下的物流发展需求，因此，随着北京新的功能定位逐步落实，不仅北京物流节点布局需要进行优化，而且还应该站在京津冀协同发展的角度上，重新考虑整个京津冀区域物流系统的规划。

第二节　城市物流系统现状

目前全国各大城市都投入了大量的资金进行物流基础设施的建设，各大中型城市基本都有较为完整的物流系统，在社会流通中发挥着重要的作用。本节仅以北京和广州为例来介绍其物流系统现状。

一、北京物流系统现状

北京是我国重要的交通枢纽，现已形成公路、铁路、航空、水路等多样化、现代化的四通八达的交通网络，交通运输网络发达，使北京具备了良好的物流体系建设基础。

“十二五”时期北京形成了点、线、面相互协调的“三环、五带、多中心”的物流空间布局规划。“十二五”时期北京市物流发展空间布局情况见图 5–1。

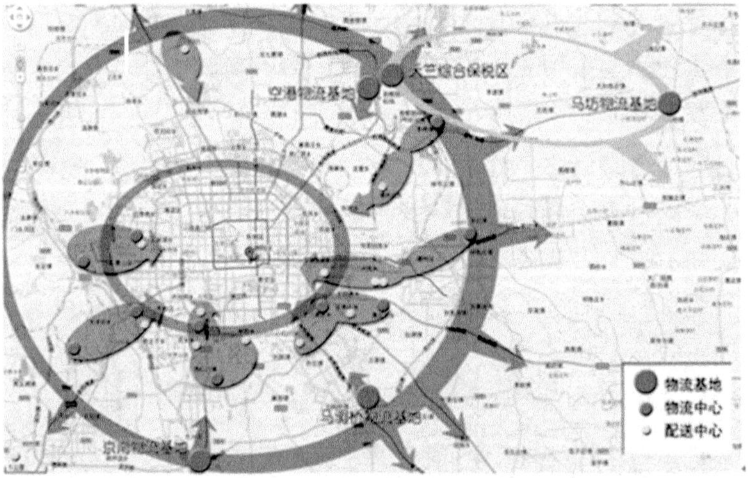

图 5–1　“十二五”时期北京市物流发展空间布局示意图

“三环”是指在北京六环路附近规划建设物流基地，在五环路附近规划建设物流中心，在四环路附近规划建设配送中心。“五带”是指引导各类物流资源向西南、正南、东南、东北、西北五个方向的物流通道聚集，在通道附近规划建设物流基地和物流中心，形成五条集聚发展、连通快捷、服务产业的物流产业带。“多中心”是指根据北京市各区不同的特点，相应设置物流中心、配送中心，为产业发展和居民生活服务。

（一）北京物流基础设施现状

近年来，北京市物流基础设施日益完善，社会物流规模有所增长，物流服务保障能力显著提升，为便利居民生活发挥了重要作用。

1. 物流基地（园区）

北京市已经形成顺义空港、通州马驹桥、大兴京南、平谷马坊四大物流基地，吸引了差异化的物流企业入驻。四大物流基地集中配送的物品包括生鲜、农副食品、家电、服装、百货、快递包裹等多个品类。

（1）北京空港物流基地

2002 年设立，位于东北方向以首都机场为中心的空港区域，是北京市的航空—公路国际货运枢纽型物流基地，地处规划的顺义新城区范围内，在北临空经济区的核心区内，可以与首都机场“无缝对接”，地理位置优越，交通条件发达，距市中心 20 公里，距天津港 160 公里。快递类物流企业大量集中于此，本市有 40% 多的快递由此发出，目前入驻有 TNT、日本邮船、中外运、近铁、宅急送等 70 多家国内外知名物流企业。

（2）通州马驹桥物流基地

自 2000 年开始建设，位于北京东南的通州区马驹桥镇，规划面积为 5.04 平方公里。基地位于北京东南黄金通道上，在京津塘高速公路与六环路的交汇处，并与京沈、京哈、京开、京石等 11 条高速公路相连，是北京开展海—陆—空多式联运的最佳结合点。其优越的交通区位，吸引了大量消费品物流公司聚集。基地集现代物流功能、内陆口岸功能、流通加工功能于一体，定位于公路–海运国际货运枢纽型物流基地。这一带仓库密度高，设施条件良好，入住企业包括苏宁物流、招商局物流、普洛斯等大型企业；在通州马驹桥—十八里店—黑庄户乡—双桥沿线区域聚集了不少物流企业，十八里店地区是朝阳口岸所在地，也是北京市传统的仓库集中地，但最近几年仓库在逐渐的外迁之中；黑庄户为近年来自发的物流聚集地，已经有大量企业入驻，如京东、国美的配送中心。自黑庄户向北至双桥铁路货运场，也有大量物流中心存在，如京客隆、宅急送的配送中心等。

（3）京南物流基地

是北京市具有公路转运铁路功能的综合物流基地，位于京开高速公路、北京六环路、京九铁路交汇处，占地 6.71 平方公里，周围有京哈、京九、京沪、京广等干线铁路。基地内拥有 26 条铁路专用线、行包专列处理场，该区域内规划有 21 条道路，中铁行包国家行邮中心、广州本田汽车北京物流基地等多家大型物流企业聚集在此。基地内物流业务以汽车、钢材、纸业、铁路零担、图书、电器、服装、快消品为主。基地已建设并形成三大功能板块：现代化物流仓储；现代化铁路运输及分拣、配送；以现代化市场需求为导向的物流信息平台。

大兴京南—丰台新发地—五里店区域地区仓库包括百利威、普锐斯等在内的大型仓库；丰台五里店地区也是北京市传统的仓储基地，是北京陆运口岸所在地，主要有北京外运等企业在此入驻。另外沿芦求路新建设了一批仓库，形成了比较明显的带状分布。

（4）平谷马坊物流基地

平谷马坊物流基地是保障北京城市物流正常运行的保障通道。平谷口岸位于马坊物流基地内，是直通天津港的口岸，是北京的海运通道，承担着大宗进出口货物的集中转运功能。现为北京 14 个区县近 300 家进出口企业提供服务。转运的进出口货物主要是酒类、食品、农产品、化妆品等商品。平谷国际陆港处于北京六环以外，可以不受城区对大型货运车辆进出的限制，还避开了早晚城区的交通拥堵。

这四大物流基地，连接多个综合、专业的物流中心，衔接机场、车站、海关、通过发达的交通网络，形成了北京市的物流系统。物流基地里大部分是为北京市提供物流服务，但也有一部分承担了区域性物流中心的功能，即其物流服务范围超过本区域需求，发挥的是中转作用。对这部分不服务于北京的功能，在北京疏解非首都功能的要求下应该予以疏解。

2. 交通、仓储情况

北京的交通状况良好，截至 2014 年，北京市境内道路总长度约为 29209 公里，其中公路长度为 21849 公里，高速公路长度 982 公里，城市道路里程为 6426 公里，道路面积为 10002 万平方米，公路交通网络高度发达。铁路方面有 9 大铁路干线、11 条铁路支线、13 条联络线，是全国最大的环形铁路枢纽，连接着东北、西北和中南地区；首都国际机场开辟国际航线通达世界各地，北京新机场将于 2018 年建成通航；海运毗邻天津港。从交通情况来看，以北京为中心的放射状公路设施相对健全，但是过境型物流对北京的交通带来了较大的压力，环京津冀之间的交通不方便。

仓储方面，截至 2013 年末，北京规模以上专业物流企业、商业企业和工业企业的自有仓储面积（含仓库和货场）达到 3503.4 万平方米，近几年小幅度增长。货运车辆 4.2 万辆，近几年保有量比较稳定。随着物流规划的重新布局，北京市开始引导市内物流资源逐步外迁。目前北京靠近市中心区的仓库基本外迁完毕，大部分物流仓储设施已经迁移到五环和六环之间。北京市二环和三环之间仓库分布仅占北京市仓库分布面积的 0.3%，三环至四环之间仅占比 1%，四环至五环之间占 18.9%，五环至六环之间占 57.9%，六环之外占 21.9%。总体而言，北京市仓库布局已经在西南、东南、东北三个方向形成了相对集中区域。三大仓库区域已经形成，集中度不断提高。西南方向自丰台五里店、沿五环至西红门、再沿京开高速至大兴，形成了块状分布。东南方向在马驹桥形成了一个非常密集的仓储集中区域，自十八里店向东到朝阳区黑庄户、再到双桥形成了一个比较密集的带状分布。在空港区域则以首都机场为依托，在机场北侧到西侧形成了集中的仓库分布。

仓库结构逐步优化。在现有所调查到的仓库存量资源中，主要为 2004 年之后新建、改建，总面积约 872 万平方米。在现有的仓库存量资源中，2000 年之前建设的存量资源已经很少。2004 年之后建设速度加快，于 2008 年仓库建设达到顶峰，2008 年之后建设面积和数量都有所下降。大型仓库在北京市的仓库总体资源比重越来越大，551 个企业仓库聚集地，2313 座仓库中，面积 10000 平方米以上的仓库有 189 座，数量为 8.2%，但其面积占到了 35.4%。从区域上看，10000 平方米以上仓库在靠近六环的三大物流基地密集分布，尤其是空港物流基地为多。在西红门，十八里店到黑庄户也有大量分布。

总体来看，北京物流仓储设施的分布呈现从市区附近到远郊区县、从三四环到五六环周边不断扩充发展的态势。通州、朝阳、大兴、顺义的仓储物流设施正在迅速发展，而房山地区未来的仓储物流的需要并不十分旺盛。北京市仓储布局在西南、东南、东北三个方向形成相对集中区域，这其中又以首都机场为中心的空港区域、通州马驹桥—十八里店—黑庄户乡—双桥沿线区域、大兴京南—丰台新发地—五里店区域最为集中。物流仓储设施目前在市中心已经极少，考虑到北京第二机场的开工建设，以及南部用地相对充裕，未来的物流设施将会大幅度增加。

（二）北京物流特色

最近10年间，北京市产业结构有了较大幅度的调整，消费品及生产物流需求结构随之发生了很大的变化。快速消费品物流、农产品物流、服装物流、图书物流、医药物流、电商物流、会展物流、汽车零部件及整车物流等行业物流成为北京地区物流需求中最主要的部分。而行业物流最突出的特点就是无论在商品特性、商品流量、流向上，还是在服务水平、时效性以及成本控制等各个方面，对仓库设施条件和设备技术水平的要求都有巨大的差异。

专业物流方面，在海淀田村、昌平沙河等地拥有物流园区的北京环京物流主要进行粮油专业仓储和配送。图书物流主要由位于通州区台湖北京出版发行物流中心和位于丰台花乡榆树庄村的北京西南物流中心完成，西南物流中心拥有仓库面积170万平方米，负责图书发送和运输。医药物流设施主要包括位于亦庄开发区的国药集团医药物流有限公司北京物流中心，位于通州光机电一体化产业基地的嘉和嘉事药业医药物流中心，其设备先进，配送范围广。

北京超市采用了不同的物流配送模式，有的是自营物流配送，有的是借助第三方物流或快递公司进行的配送，还有的直接让供货方配送。其中自营配送较少，所以采取统一配送方式的比例也不高，大部分仅达到60%~70%统一配送。物美集团属于统一配送做得比较好的企业，采取了自建物流中心的做法。物美集团自建的华北物流配送中心，位于东五环，占地面积7万平方米，在机场高速附近，有两个冷冻冷藏库，一个常温库，年配送能力七十多亿元。北京二商集团的物流中心面积也比较多，部分位于海淀区等黄金位置。京客隆配送系统由普通商品配送中心（位于朝阳区双桥，占地10万平方米，库房面积3万平方米）和生鲜食品配送中心（位于朝阳区姚家园路，面积约2万平方米）组成。而家乐福没有自建物流中心，供应商需要每天根据门店要求进行商品配送，由此产生非常大的交通压力。家乐福在北京拥有20多家门店，供应商数量较多，如果采用共同配送或者自建配送中心将会极大缓解周边交通，提高物流效率。目前家乐福计划在中国分区建立六个（华北、东北、西南、华东等）物流中心，位于昆山、成都的物流配送中心已经建成，在华北的选择计划是北京或者天津。

北京的社会消费品零售总额已经连续多年高居全国城市之首，为了服务商业发展，需要相应的物流设施，但是目前北京这方面的物流设施并没有跟上经济的发展。如仓储方面“一地难求”，交通管制多，王府井、西单周围24小时禁止货车驶入，物流基本只能通过金杯违规进行配送。这些问题的存在，导致北京的物流系统不能高效运行。

二、广州物流系统现状

广州市的物流基础设施比较完备，有一个机场和一个港口，铁路、公路四通八达，对外进出口干道公路有G105等4条国道和京珠等17条高速公路，基本形成环形放射状公路网主骨架，已形成四通八达的现代化中心城市公路网络。广州现代物流规划形成“3+5”（黄埔、南沙、广州空港三大国际性枢纽型物流园区和芳村、白云、增城、番禺、花都五大区域性综合型物流园区）的空间发展格局，物流基地建设稳步推进。2015年，广州白云机场完成货邮吞吐量153.72万吨，同比增长5.72%；广州港港口货物吞吐量5.2096亿吨、集装箱吞吐量1762.5万标准箱，分别同比增长4.0%和6.0%；广州市全社会共完成货运量10.04亿吨，同比增长3.94%。广州黄埔国际医药物流港一期项目—广州交通集团黄埔医药物流中心，是华南地区最大的自动化立体仓库。

广州一直致力于推进现代物流配送项目发展，已建成投产状元谷城市物流配送中心一期工程和石井公共仓储中心；长运冷库物流配送项目和黄埔现代物流项目一期工程项目正在按计划推进；开展城市物流配送第二批试点企业和试点车辆的筛选工作，共选取试点企业5家，试点车辆340台；已筛选和培育专业城市物流配送企业10家，组建专业城市物流配送试点车辆454台；完成城市物流配送平台二期功能开发工作，广州市454台城市物流配送试点车辆全部接入该系统，并对以上车辆实现了全天24小时无间断的信息监控。

广州市设置了现代物流发展专项资金，加大政府对物流业的扶持力度，该专项资金自2012年设立以来，连续四年共安排资金6750万元，重点扶持物流园区、城市物流配送中心、甩挂运输站场、冷链物流基地、物流信息平台、跨境电子商务、物流智能化技术运用等52个物流项目的建设。2016—2020年，每年拟安排3000万元，总金额1.5亿元，用于扶持广州市现代物流发展项目。“十三五”是广州市传统货运业向现代物流业转型的关键时期，对具有明确市场需求、物流技术、设备和管理水平达到国际先进水平或国内领先水平的物流项目给予资金扶持，不但在一定程度上缓解了企业在物流项目建设中的资金困难，引导广州市物流项目向“高、精、尖”方向发展，而且对于促进行业转型升级和广州市“三中心一体系”建设具有重要意义。

第三节　新背景下优化物流系统的建议

在各大城市纷纷调整城市功能，促进产业转型升级的大背景下，城市批发市场的疏解升级成为一个契机，物流节点的缺失和原有物流系统的不能适应新形势发展的问题应通过重新规划物流网络体系来解决。为了能更有针对性地提出具体可操作的建议，本书在京津冀协同发展的背景下，主要以北京为例，对如何优化现有物流系统提出相应的建议。

北京原有的“三环五带多中心”的规划虽然比较符合原先的物流需求，但是在京津冀协同发展的大背景下，还有进一步调整的必要。不能仅面向北京地区，还要把天津和河北也考虑进去，综合各地的优势，统筹下“一盘棋”。从目前的区域经济发展现状来看，京、津、冀三个省市各有优势。北京市有科技和文化的优势，天津市有物流和工业的优势，河北有资源和第一、第二产业的优势。京津冀区域间具有资源整合、优势互补的天然区域优势和基础，而物流业作为联通区域经济的生产性服务行业，将迎来重大的发展机遇。新的物流规划应将原规划的物流节点的布局再扩散一下，重点保障北京，兼顾津冀利益。要立足京津冀协同发展，重新进行物流整体规划，构建以城镇空间布局和综合交通运输体系为依托，对传统物流资源进行调整、整合，形成以物流园区、专业物流中心和城市公共配送中心、末端物流网点为节点，以信息化和物联网技术为支撑的现代物流系统。

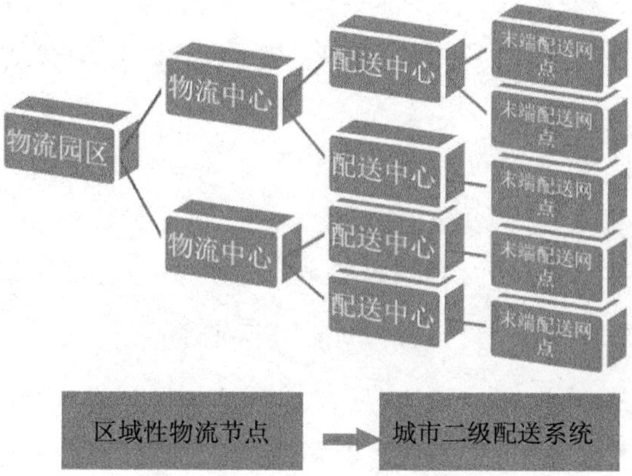

图 5-2　物流系统结构示意图

一、建立布局合理的智慧化物流园区

（一）政府主导，科学规划物流园区

物流园区是物流系统中第一层级的物流节点，是系统最核心部分，承担大部分的物流功能，其规划的好坏对整个物流系统来说至关重要。良好的物流规划首先要站在适当的高度，有长远的眼光；其次要进行合理的选址，综合考虑土地资源和交通便捷的情况；第三要应用先进的物流技术，以信息化为基础做好物流设施的建设工作；最后还应建立在能够持续发展的基础上，最大限度地保护环境，形成一种能促进经济与消费健康发展的物流系统。

进行物流园区规划应该有"全国一盘棋"的意识，按照国家的经济发展布局来规划物流系统的节点布局，不被行政区划和城市边界所影响，建立起能更好地服务于经济发展，满足各方需求的物流系统。这个层面的规划，只能由中央政府来完成，否则地方政府很难协调好利益。政府应该对各交通枢纽附近的物流园区进行总体考察协调，选出适合要求的进行升级改造，或直接另起炉灶，重新建设；要防止出现同质、同范围的物流园区重复建设情况；各地政府应该站在整个区域的高度，充分考虑本地区应发挥的作用，所规划物流园区的服务范围，将中央宏观布局规划落实下来，做好彼此之间的衔接工作，使各地物流园区进行协同发展。

由于区域物流园区的前期投入巨大，土地资源需求大、建设周期长，以及园区本身存在的公益性要求，决定了在物流园区布局规划、开发建设阶段，应该主要由各地政府来完成，资金方面可考虑引入一些战略投资者，后期的运营管理则可以交由企业来进行，行业协会可以协助做一些业务指导和企业协调方面的工作，后期政府只要做好政策支持工作即可。各级地方政府应参考《全国物流园区发展规划（2013—2020年）》，从促进区域发展的角度出发，为落实物流园区规划提供相应的政策支持和保障。

（二）首选货运枢纽，优化物流园区布局

据中国物流学会2015年7月发布的第四次全国物流园区（基地）调查问卷结果显示，周边交通市政设施改造情况是否良好是吸引企业入驻物流园区的最主要因素。因此在选址时首先要考虑的就是周围交通是否发达，货运枢纽地区应该是物流园区地址的首选。

一般来说，物流园区选址应该符合以下四个条件：第一，该地区要有大量的物流需求，物流企业相对集中，有虹吸效应；第二，该地区交通便利，在铁路货运场站、港口以及机场设施附近5公里之内，至少有两种以上运输方式存在，可以实现多式联运；第三，在城市的外围地区，土地成本低，有大量闲置的土地资源可供征用；第四，周围有便利的口岸通关服务，方便完成进出口贸易运输，且地方政府政策支持力度大的地区。根据这些条件选址，目前京津冀地区有不少的大型物流园区符合选址要求，但是在当时规划物流园区时，京津冀三地是分别站在各自地区的角度上来进行的，如果将其辐射区域放在一起来看的话，会有不少的地区重叠。因此在重新规划时，要参照《全国物流园区发展规划（2013—2020年）》的要求，对于第一层级物流节点的规划，站在京津冀地区的高度都不够，应该站在国家整体的规划上来看待规划问题，否则就不能保证全国物流系统的高效流通。《全国物流园区发展规划（2013—2020年）》中将河北唐山与北京、天津一起规划为一级物流园区布局城市，并把河北省石家庄市、邯郸市、秦皇岛市、沧州市四个城市纳入二级物流园区布局城市，彰显对河北省物流发展的重视。《京津冀协同发展规划纲要》里也将河北定位为全国现代商贸物流重要基地，因此建议在选择物流园区时，重点考虑在河北省的布局，北京由于疏解非首都功能的需要，原有的物流基地建议降级为主要为首都范围服务的配送中心，正在建设中的第二机场由于地理位置比较特殊，位于京津冀的中间地带，可以考虑建设成物流园区，主要的空港物流业务可以在此开展；天津可以将依托天津港发展起来的物流园区作为天津的一级物流园区，另外可以再建一个以铁路枢纽中心为依托的物流园区满足三地的货运需求，而河北省可以在唐山港附近，以及石家庄市、邯郸市、秦皇岛市、沧州市四个二级物流园区规划城市附近选择 3~4 个铁路及公路枢纽建设物流园区。由于大型仓储型和运输型的物流企业占地广，需要有大量的土地资源，而交通枢纽附近的地价相对又会偏高一些，因此需要在“低地价—交通便捷性”之间寻找合适的平衡点，寻求地价相对低廉而又尽量接近交通发达的地点布局。如果有现有物流园区符合要求的，尽量在原址上进行扩建、升级、改造，以使其符合京津冀新规划的要求；原先没有的，则要做好长远考虑，其园区规划与建设应当具有一定的超前性和弹性，也就是要预留好未来物流发展的空间，只有做好了第一层面的规划，才能更好地安排下面分支系统的物流节点布局，发挥京津冀协同发展的最大优势。

具体选址办法可依据物流信息的大数据分析，采用聚类分层、遗传算法等数学模型，用科学的方法进行最终地址的确定，规划有科学数据的支撑会更加合理有效。已经有部分物流园区按照这些要求选址，获得了较好的社会效果。如 2015 年京津冀三地政府根据市场需求和物流大数据分析，在天津市铁路枢纽中心南仓站，建立了一个主要服务于零散货物快运业务的物流园区，承接了京津冀区域 225 个车站和 22 个无轨火车站的快运业务，利用三地发达的铁路运输网络，满足了京津冀地区中小企业零散货物运输的物流需求，体现了京津冀物流协同发展带来的好处。

（三）打造智慧化物流园区

智慧化物流园区指的是将“智慧”理念贯穿园区的规划、管理，通过系统集成、平台整合，将 RFID 射频扫描、GPS 定位监控、无线视频传送、一卡通服务等科学技术运用到园区管理中，使信息化管理渗透到园区里每一个控制点，使人、车、物从入园到离开，全程都实现数字登记、网络查询、数据库管理的新型物流园区。

目前我国物流园区信息化建设方面普遍存在的问题是：物流信息化建

设缓慢，信息系统比较落后，系统不完善，现代化的物流信息技术应用尚未得到普遍推广，没有搭建起合适的物流信息平台，不能及时跟踪货物和获得配送信息。企业由于获取不到相应的物流信息，无法进行合理的车货匹配，导致企业的运输车辆经常出现单程运输，返回时空载的现象，造成了运输费用的增加。有的物流园区即使应用了物流信息技术，但没有配套的系统支持，也没有起到应有的作用。另外物流信息的收集也比较困难，部分客户担心损害自身的利益，不愿意提供相应的信息。

物流信息是反映物流各种活动内容的数据、图像等资料的总称，是帮助企业进行物流管理的有效数据。物流信息平台是指能够支持或者进行物流服务供需信息的交互或交换的网站，通过该平台收集原始资料，进行传递、处理后，存储并输出对物流管理决策有用的物流信息（见图 5–3）。通过采用移动通信技术、计算机信息网技术、条码技术、数据库技术、全球定位系统（GPS）等科学技术实现货物、车辆实时跟踪、库存自动报警等物流活动的电子化，以此替代原始的手工作业，加强对物流活动全过程的管理控制。物流信息化可帮助先进的技术设备应用于物流领域，是货物自动识别系统、自动分拣系统、自动存取系统、自动跟踪系统等自动化设备的基础，使用这些设备可以降低物流作业的差错率，提高物流劳动效率。

因此要建设智慧化物流园区，就必须要做好物流信息化工作。首先物流园区要加快园区内相关设施的现代化建设，如门禁系统，出入库管理系统等，以完成数据的收集和物流过程的监控，通过信息平台的信息处理，及时发布，确保园区内部物流信息的顺畅流通。为物流园区入驻企业提供基础信息管理、业务过程管理、财务结算等信息支持。其次为了防止信息孤岛，园区要加强对外合作，建设能够服务于园区内外的网络信息共享平台。该平台可以对物流业务分布情况、车（货）源结构情况、货物流向分布情况等大数据进行挖掘分析，帮助入驻企业掌握所需的物流信息，辅助做好决策工作。因此物流园区的信息平台建设要做到既要能够保证园区内企业（入驻企业）的信息交流，又要能和园区外部用户（公众用户、政府管理部门、相关行业部门）以及其他园区的信息平台进行对接，平台间可以互联互通，以实现全国全网联网调度，为入驻企业提供跨平台的信息共享和资源整合服务。

最后需要国家抓紧完成公共服务平台的建设工作，将全国性的物流公共信息平台及时完成上线。如 2012 年就开始建设的国家交通运输物流公共信息平台以及2014年下半年上线的中国金融物流公共服务平台，对社会公共资源的共享，企业的规范化发展等都起了很大的推进作用。这类公共平台具有公益性，开放性和共享性，向全社会提供服务，不以盈利为目的，主要是为物流信息服务需求方提供基础性的公共服务；以统一的标准为基础，实现不同部门、不同行业、不同地区间信息交换与共享，减少信息孤岛和重复建设。这是单独的物流园区无法搭建的平台，可以为物流园区的信息平台提供很好的信息支持和接入，提高物流效率。

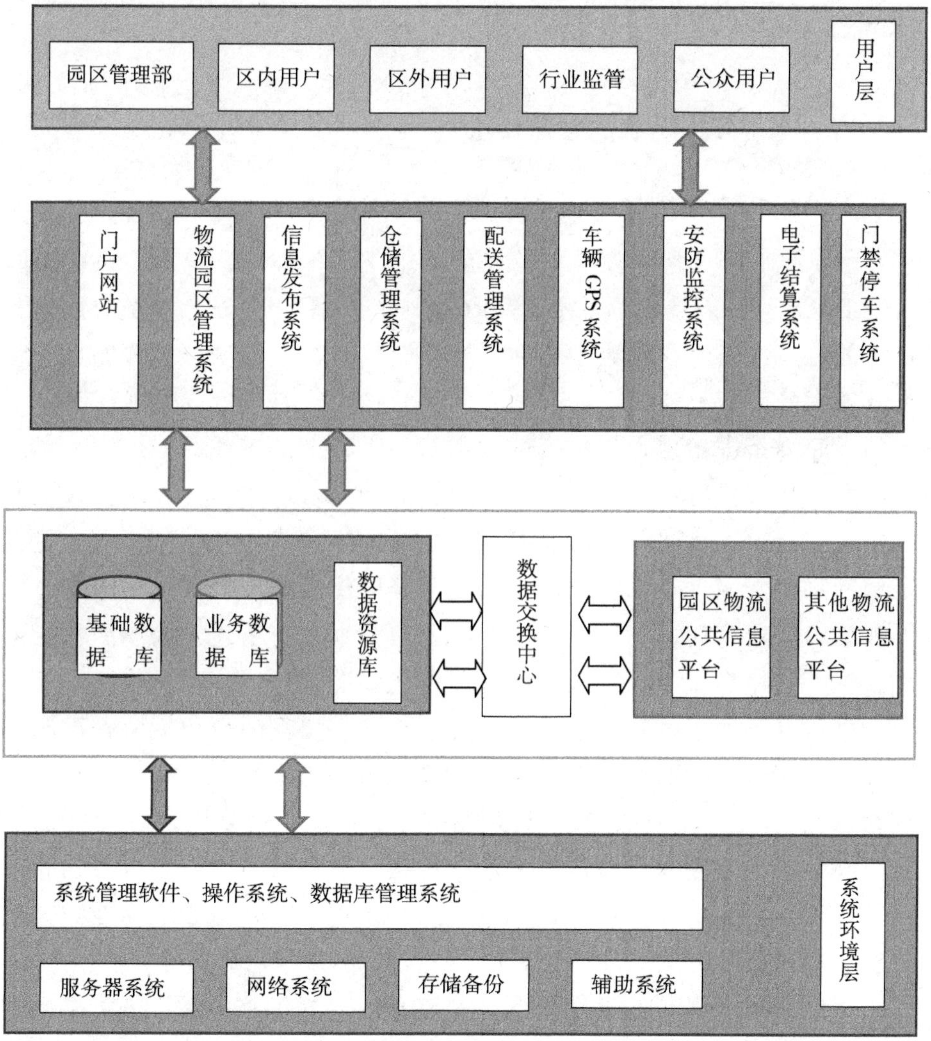

图5-3 物流园区信息平台示意图

随着互联网在社会活动中的不断渗入，大数据、云计算、物联网等技术在物流活动中的应用越来越广泛，也对物流园区的发展带来了深远的影响。智慧化物流园区通过物流信息平台，将物流产业链上下游客户连接在一起，为其提供寻找货源、匹配车源、电子商务交易、智能仓储、财务金融等全方位的服务，有效提升园区竞争力，为园区带来高附加值的收益。智慧化物流园区的打造，可以对物流资源进行最大可能的整合，减少浪费，并消除目前常见的信息孤岛问题，打破物理限制，将业务无限拓展。因此我国物流园区未来的发展方向一定是依托物流信息平台，朝着智慧化方向发展。

二、建立分工明确的物流中心

（一）发挥三地优势，布局专业物流中心

京津冀地区要协同发展，首先就要求交通一体化，物流一体化。但是由于三地经济发展的不平衡，产业的侧重点不同，造成在物流方面也有各自的特点，因此在物流中心的安排方面也应有不同的分工和侧重。北京有庞大的商贸物流需求，有领先的科学技术，有发达的金融体系；天津的天津港是进出口贸易物流的大本营，天津市的工业、交通业、物流业的发展势头良好；而河北省的土地、劳动力资源丰富，其农业、工业的发展有一定的优势。因此应考虑到各地的产业优势和物流需求，整合三地的物流资源，在物流园区之下，再分别建立分工明确的物流中心，如北京市应着重建设消费品物流中心，河北省应着重建设农产品物流中心、生产资料物流中心，天津市应着重建设港口进出口贸易物流中心。由于京津冀三地主管物流业的部门各不相同，协商时会出现各种问题，因此建议三地建立联动机制，统一主管对口部门，协商合作，打破区域壁垒，充分论证选址地点，以避免出现物流中心规划同质化、辐射范围重叠的情况。同时三地还应尽量保持相关财税政策、优惠政策的一致性，以引导相关物流企业就近入驻，以免出现入驻物流中心企业“苦乐不均”的现象。

北京在疏解区域性批发市场、物流基地选择承接地时，分析了北京周边地区的城市状况、资源条件、城市配套交通等情况，决定在铁路主干

线附近，环北京周边百公里范围内，寻找各方面基础条件都较好的城市承接，以批发市场的疏解带动当地经济的发展，打造一批有特色的卫星城。将京津冀都市圈进行分解可以看出，燕郊、廊坊、武清、固安、涿州等东部和南部环北京周边城市，符合城际车程一小时以内的货运服务需求，在这些城市附近可以考虑选择合适的地区以疏解过去的批发市场为中心，结合相关商贸物流建设成专业物流中心，为区域经济服务。

北京应该发挥作为一个巨大、高端消费市场对河北经济的升级引领作用，推进产城结合。以通州、顺义为优先发展中心，由北向南、由中间向两边分阶段扩展。选择香河、三河（重点是燕郊）及其与北京交界地区大力发展商贸物流，在京南和涿州、固安等交界地，大力发展多式联运物流，实现市场的分类集中，服务北京居民生活。可以选择产城结合的模式包括："区域制造业 + 专业市场 + 物流基地"的工业品产销模式；"公司 + 基地 + 合作社 + 农户"的农产品产销模式；"城镇综合体 + 特色街 + 社区商业"的综合流通网络；"产业 + 电子商务 + 物流"的直销模式。通过产城结合的方式，利用商贸业发展带动物流业发展。

（二）升级专业物流中心基础配套设施

1. 修建四通八达的交通路线

为了解决北京交通压力大且与周边城市交通不够通畅的问题，市政府加大了各项市政道路建设的力度。目前首都环线通道正在加速修建，该通道全长约 940 公里，有大约 90 公里在北京境内，另外 850 公里都在河北境内，计划 2017 年全线竣工，将使北京与河北相连的 11 条高速公路全部贯通。北京着力于构建"客内货外"的交通格局，通过建设京新高速，形成西北部货运通道，同时凭借与首都环线通道对接的环绕北京的多条重要高速公路，使得那些不需要入城进京的车辆可以快速"绕城"而去，而需要入城的车辆能够快速分拨进京，从而缓解了从南至北大量的过境型物流。京津冀城际运输通道的形成和"客内货外"的交通布局，使城内和城际运输更加便利，对促进京津冀交通一体化，物流一体化，帮助重新规划北京物流节点布局有着重要的意义。但是与国外发达国家相比，北京现在全市平均路网密度仅 1.7 千米 / 平方千米，还存在着路网密度低，支线少，市内道路微循环不畅的问题，需要加快相关道路建设。

除了公路以外，北京还应加快建设互联互通的高速铁路网。如应加快京沈、京张、京霸等高速铁路建设，加快建设京唐、京石城际和城际铁路联络线，推动铁路货运外环线建设，推进五环内铁路货运功能外迁，建设清河、丰台、星火等铁路枢纽，优化铁路枢纽功能格局。由于北京主要的物流通道是东面和南面，因此要重点考虑修建东面往香河方向，南面到涿州等地的市郊铁路，加强区域物流合作的通道建设，形成区域高效密集轨道交通网。

政府在交通线路建设方面，投入了大力气进行完善，但是在高速公路收费方面却缺少对物流业支持的政策，过高的过桥过路费让物流成本居高不下，能享受"绿色通道"的农产品物流，也限制颇多，仅限于鲜活农产品，半加工的农产品都不能享受优惠政策。这使得那些被疏解出北京的农产品加工企业深感压力，期待政府能尽快出台相应的优惠政策。

2. 建立智慧化仓储管理系统

北京的物流仓储设施目前在市中心已经极少，部分不规范的物流园区和仓储设施正在外迁，在环北京区域建立相应的仓储设施，并考虑充分利用已建的环北京仓储设施，如天津武清等。留下来的也应该对自身的储存仓库进行升级改造，合理利用空间资源，降低仓储成本。比如建立高架立体库，提高空间使用效率，购买先进的仓储自动化仪器设备等。

提升物流中心现有仓储设施的信息化、现代化和智能化水平，可以使物流中心的仓储水平上一个新的台阶。通过发展自动化物流仓储中心，支持企业利用信息化手段，将订单运营、分拣加工、客户服务等功能进行整合，建立智慧化仓储管理信息系统。在入库管理方面，利用二维码、无线射频识别（RFID）等感知技术，提高货物信息在仓库管理流程中数据录入的效率和准确性，确保企业及时准确地掌握货物流转情况，合理保持和控制企业库存。在库存管理方面，通过商品编码技术，提高各类订单需求的出入库处理能力，对库存货物的批次、保质期等进行管理，实现智能盘点。在分拣出库方面，利用信息系统的库位管理功能，及时掌握所有库存货物所在位置，提升物品拣选、传送、识别等设备的自动化水平，推广高性能货物搬运设备和快速分拣技术，提高仓库管理工作效率。在信息化建设方面，加强仓储管理系统与生产制造企业和终端零售企业信息系统有效衔接，促进供需信息精准对接，提高货物调度效率。

现在各电商巨头对仓储设施的建设也非常重视，投入巨资去建立智慧化仓储管理系统。如菜鸟联盟 8 月 15 日新建的首个全自动化仓库正式投入运营。这个全自动化仓库可以日处理订单百万单，专用于一站式网购仓库，主要为天猫超市的消费者提供仓储、分拣服务，目前占地面积达到 10 万方平米。该仓库配备有各种智能化设备。通过该设备的配备，大大提高了拣货的效率，从原来需要 2000~3000 人，减到现在的不足千人，减少了一半以上仓储员工，且将原先万分之二三的分拣偏差降低到零出错。从国外引进的 KNAPP 流水线设备、货架等，高度自动化、智能化，从接到订单开始到分拣装箱，再到复核出库，平均仅需 10 分钟，除了条码复核还需要手动完成外，其他环节都实现了自动化，大大提升了效率。菜鸟自动化仓库运用了当前最流行的一些技术：物联网、机器人和大数据。物联网技术体现在使用传送带自动识别每一个包裹路径上，每个包裹都有独特的 ID，能被互联网实时识别。自动封箱机使用了工业机器人的技术，机器人可实现包裹传送、商品分拣、包装以及仓库商品搬运、上架等过程的自动化。而智能选择纸箱和调度商品则运用了大数据技术。

菜鸟这个全自动化仓库的建设无疑给中国的仓储设施发展树立了标杆，未来这种智慧化的仓储设施会在物流系统中越来越多地得以应用。由于仓储设施的投资较大，政府需要引导，顺应电商物流发展趋势，培育和鼓励大型电商企业（京东、苏宁、亚马逊、阿里巴巴等）自建物流中心，提高物流管理水平，提高物流社会化水平。目前京东的仓储设施已经设在六环以外，同时加大了在天津的投资力度和改善相应的布局，符合时代发展的要求。

三、完善北京城市物流配送体系

（一）构建城市二级物流配送系统

随着京津冀协同发展战略的实施，首都非核心功能向外疏解，北京市经济产业结构正在进行调整，导致物流需求也发生了相应的变化。北京原有的物流系统已不能完全满足物流需要，因此要进行相应的调整与完善。在区域性物流园区、区域性物流中心的服务区域范围内，综合考虑供需情况，设立多个公共配送中心，每个公共配送中心再对应多个末端物流网点，使商品通过配送中心的汇集、中转、分拨，一直到配送至消费者手中的全过程的效益最好。

1. 打造环北京城市物流配送中心圈

北京市作为一个特大型消费城市，消费者众多，近年来电子商务和快递业的快速发展，使直接面向个体消费者的末端配送需求成为主要物流需求。北京城市物流配送系统应该只保留二级即可，即城市物流配送中心和分散的末端物流网点，才能满足订单碎片化及配送即时化的服务需求。

由于物流业是跨地区、跨部门的复合型产业，牵涉到的管理部门较多，建议建立由商务委、发改委、财政局、交通局、国土资源局和区县相关部门等多部门参与的现代物流联席会制度，建立统一的物流发展管理与协调机制，各部门要做好充分的基础情况调研工作，并以此为基础进行整体方案的规划、调整物流设施，着力构建低成本、高效率、绿色化的首都物流配送系统，增强配送中心及末端物流网点服务的公共性，推进构建城市配送二级系统。发改委、交通委应结合北京物流需求，整合现有仓储、运输等物流资源，引导市场形成层次分明、衔接有序的二级城市配送物流系统。一级系统主要是北京六环附近的公共配送中心，通过城市主干道和高速公路通道，引导支持企业建设公共配送中心，完善干线运输与城市配送的有效衔接，提供采购集货、分拣、储存、加工、送货、信息处理等服务功能；二级系统是城市末端配送网点，利用现有快递营业网点、商业零售终端、社区服务站等，增强城市末端配送的装卸、分拣、暂存功能，满足不同消费者的配送需求。政府应大力建设使城市配送通行顺畅的配送通道，加大对末端物流配送网点建设的支持力度，以完善物流配送系统的功能和布局。

这种二级配送体系，可以减少物流中转次数，减少装卸搬运作业，减少配送时间，提高配送效率，关键是做好共同配送工作。从北京市最新物流规划来看，要沿高速公路及城市主干路网，积极引导各类物流资源，形成不同功能的现代物流节点在空间上的相对集聚、不同行业物流需求相对聚集、特色物流企业相对聚集的七大物流组团。组团内重点发展电子商务、电子产品、医药、快速消费品、食品冷链、家电、图书、汽车、农产品、服装纺织等高端行业物流，以提高城市运行的保障性。这七大方向上，可以选取合适的位置，利用现有物流资源，形成七大配送中心。如正西部为电子产品、建材物流配送中心，西南部大型商贸、会展、电子商务、图书、医药物流等配送中心；南部为国际农产品商贸展示交易物流、食品冷链、农产品、服装纺织品、快递物流等配送中心；东南部建造快速消费品、电子商务、家电、医药物流配送中心；东部为农产品、文化创意产业、家电物流配送中心；东北部配送中心主要面向国际物流、大型制造业供应链物流等；先进制造业供应链物流、快递、汽车物流的配送中心安排在西北部，这样就形成了各有优势和明确服务范围的城市一级配送中心系统。

北京现有的四大物流基地由于考核机制等原因，没有发挥物流基地应有“集中基础设施、集聚物流资源、集约物流业务”的社会功能，以马驹桥物流基地为例，入驻物流基地的企业只有20%左右是物流企业，其余的以销售为主，如苏宁，否则无法满足税收指标考核需要，其现行体制机制不利于其发挥物流功能，应该进行改革。一个可行的选择是市里统一管理物流基地，降低对其税收增长指标的考核，通州马驹桥、京南物流基地可以使其服务功能和能力与北京的城市定位相匹配，积极由区域物流中心向城市配送中心转变，与北京市发展的要求高度融合。积极引导基地内的区域型物流企业外迁，引导低附加值功能性服务外迁，提升对城市保障服务比例，提升知识和科技型服务比例，走内涵式、民生保障型创新物流发展之路，成为服务首都的物流产业创新与能级跃升高地。北京市的货运集散地、物流园区搬迁至六环外或其他市之后，物流格局发生改变，形成在六环之外建立货运集散中心、用小型配送车辆完成市内配送。干线运输选择在六环外完成，将更容易与全国的物流网络进行连接，更易发挥集散效应，提升物流效率。

2. 配备多样化的城市末端配送网点

城市末端配送网点具有揽货集货、分拨中转、配送卸货的功能，随着电子商务的快速发展，城市末端配送需求也出现爆发式增长，因此应在北京城市内部物流需求比较集中的区域大量布局城市末端配送网点，通过这些网点将货物配送到周边的最终客户，形成辐射范围更加“小众化、短途化”的小微物流系统。

城市末端配送网点的选择可以多样化，如在快递营业网点、超市（商场）等商业设施、连锁商业（便利店）网点、社区服务机构、大型写字楼、机关事业单位、大学校园，设立货品集中投递和收件公共服务网点，利用城市公共建筑配套设施、物业管理用房等设立货品中转站或“快递超市”，在不便于设立末端配送网点的地方，如地铁、部分社区和学校周边设置自助电子快递箱、公共自助提货柜、智能快递站等智慧末端物流设施，提升自助设施的人性化体验和便捷性。

快递公司在北京的网点分布广泛，如韵达公司在北京有 4006 个网点，顺丰有 2364 个网点，这些网点几乎涵盖了整个北京城，有不少辐射区域都是重复的，各公司分别配送的话，造成资源的极大浪费。如果能进行资源整合，将其调整后作为末端配送网点，进行共同配送，则可大大减少配送次数，节约资源。

社区遍布全市各个区域，布局稳定，应由政府主导推进社区物流模式的发展。政府通过大力推行社区与物业结合、社区与便利店结合以及社区综合功能服务站等多种新型社区物流模式，可以缓解最后一公里的电商配送压力，提升社区服务体验。

利用现有的超市（商场）等商业设施作为末端配送网点，让其不但承担零售、商品展示、服务体验功能，还可以利用其物流设施满足一些周边用户的配送需求。对参与各方都有好处，超市（商场）可以吸引客流，客户能够享受就近服务，配送方可以减少配送成本，城市也减少了交通拥堵。

（二）多方协作，促进城市物流配送发展

2014 年全市实现社会消费品零售总额 9 098.1 亿元，而电子商务领域就占了 1 450 亿元，目前北京市消费增长的 80% 是通过电子商务实现的，增速超过了 68%。“十三五”时期，电子商务仍将处于高速增长阶段。有机构预测，到 2020 年，整个网络零售总额将超过 10 万亿元，由此产生的全年包裹量将超过 1000 亿件。这给物流配送带来了极大的压力，物流配送中心要根据现在消费需求“多品种、小批量、多批次、短周期”的特色，灵活组织和实施物流作业。

根据“十三五规划”的要求，城市规划部门应该会同发展改革、交

通运输、公安、工业和信息化、城乡建设、商务、邮政管理等有关部门，组织制定好城市配送发展规划，在配送通道与节点布局、运力投放规模与结构、运输组织、信息化建设、配送车辆通行管理措施以及城市配送基础设施用地保障等方面做好相应的规划。要按照城市配送发展模式和需要，完善城市物流仓储用地、道路交通系统规划；保障城市配送基础设施建设用地，满足城市配送发展要求。完善配送停车和装卸作业设施。城市商业区、居住区、生产区、高等院校和大型公共活动场地等城建项目，应合理设置城市配送所需的停车和装卸场地，应完善大型商场、超市等设施配送停车场地的配建标准并强化对标准实施的监督；鼓励和引导企业将自用停车场、配送站点向社会开放。

1. 积极推广多种配送方式

（1）大力发展共同配送

所谓共同配送是指对供应者和需求者统筹分析后，采用最合理的配送路线，充分考虑配送效率，合理安排配送车辆，满装满载，避免不合理配送模式，降低配送成本的一种配送方式。共同配送可以最大限度地优化配置社会物流资源，提高城市运输组织效率，降低社会物流成本，实现物流配送的社会化、共同化、集约化、效率化。

北京现有的各大超市、商业零售企业、电子商务企业采用了不同的物流配送模式，有的是自营物流配送，有的是借助第三方物流或快递公司进行的配送，还有的直接让供货方进行配送。如超市发、翠微百货的物流配送主要是由众多第三方物流提供服务的；京东商城是自营配送中心配送；淘宝主要是快递公司配送，而家乐福则是由供货企业分散配送，这种物流配送模式给城市物流体系带来了巨大挑战。

2011 年 12 月在北京市商委的领导下，将中通、圆通、申通、韵达等快递公司联合在一起，推动组建了“北京城市一百物流有限公司”作为共同配送的运营主体，开展共同配送活动，以求合作共赢。但城市一百目前运行和发展不是特别好，存在着一些利益纷争、市场竞争不力等问题，需要搞清其存在的问题及原因，为其他共同配送的物流企业提供借鉴。政府需要出台相应支持政策，大力培育市场主体，尽量发挥市场机制的作用。

由于商业零售企业的物流配送是城市物流配送的主要构成内容，其配送效率对整个物流系统影响重大，因此未来大型的商业零售企业都应该通过城市共同配送中心来实现门店配送，不能让供应商分散供货，否则会造成物流配送效率低下，且增加了城市交通压力。北京应大力支持各大超市如超市发、京客隆等商业连锁公司建立自营配送中心，可以自行选址建立，也可以入驻公共配送中心进行统一配送，通过集中采购提高统一配送率，利用其物流系统为所属门店和社会企业统一配送；推动东方友谊、快行线等专业化第三方物流公司加强与商贸流通企业的合作，与供应商协作为多家商贸企业、下属各社区门店、众多的市场商户等进行共同配送；在物流配送中心配置配送班车，开展干线与支线结合的城区集中配送，做好城市物流末端共同配送工作。

（2）鼓励夜间配送和错峰配送

由于北京白天的交通比较拥堵，尤其上下班高峰期，交通压力更是巨大，所以物流配送的时间如果能错开高峰期或是直接在夜间配送，会大大缩短配送所需要的时间，提高配送效率。经验表明，大多数超市在夜间配送收货的效率能提高 2 ~ 3 倍。夜间收货的做法曾在北京奥运会期间实施过，但是在奥运会之后就取消了，这是因为超市和其他商贸企业采用这种夜间配送，获取的经济效益不明显，反而还要增加相应的管理成本，因此不愿接受这种配送方式。调查表明，北京市内有 1700 多家超市，但是在夜间（22：00—4：00）收货的几乎没有，凌晨 5 点左右就开始收货的仅有 70 多家。目前只有 24 小时营业的餐饮企业或小件商品连锁企业可以夜间收货，但这些企业的可接受的夜间配送量较少，如果不能大面积推广的话，物流企业的配送时间扩展到全天候，会导致配送成本更高。另外由于超市和商贸企业一般都位于居民聚集区，如果进行大量的夜间配送，可能会造成扰民，导致居民投诉。国外有不少国家也采用夜间配送的方式，他们对此的解决措施是安装消音器，我国也可以采用这种方法。为了鼓励北京各大超市和商贸企业采用夜间配送的方式，政府可以通过奖励或补助的方式给予适当的经济补贴。

（3）加强信息平台建设

随着物流信息化的不断推进，物流配送也越来越多的需要借助信息管理系统、仓储系统、个人终端系统等电子系统来完成，通过这些电子系统的应用，可以确保配送的准确性，增加配送的及时性和提升配送的安全性。以区域性物流园区、区域性物流中心和城市公共配送中心群为公共服务平台，构建物流公共信息平台，实现区域间、城市内各物流节点与物流企业之间物流信息资源的共享，可以提高车货源和相关物流服务信息的匹配度，提高分拨和配送效率，做到将供应商、配送车辆、门店、用户等各环节精准对接；使用大数据技术收集交通路况信息，利用车载 GPS 导航系统，可以对配送车辆进行实时定位并提示司机根据实时路况躲避拥堵，及时优化配送路线。因此大量使用物流先进技术，加强物流信息平台的建设，可以促使我国的物流配送乃至整体物流水平得到极大的提升。

2. 完善交通管理，加快车辆升级

目前北京对货车进京，实施通行证管理制度，但物流用车的规模和货车数量经常发生变化，无法获取企业配送用车进京所需通行证的准确数据，就目前来看，北京合法的货运车辆仅有 4 万多辆，远不能满足物流需求，导致城市内部物流配送所采用的车辆多为金杯，其容量有限，还带来了更多的污染和更低的效率。这种交通管理采取的是片面“堵”的思维，已经不适应现代管理的理念。这方面，政府应借鉴东京、首尔的经验，给物流车辆路权，完善城市配送用车通行管控措施。交通管理部门应综合考虑城市中心区车辆流向、流量情况，结合城市配送需求，合理确定城市配送用车的通行区域和时段，根据需要为高峰时段通行的城市配送用车发放通行许可，并提供通行便利。另外对于车辆停靠方面的管理，也有必要进行调整。对城市配送用车的停放应给予一定的便利，如借助一些商业设施停车场、单位停车场和社会停车场，为城市配送用车划出一些专用临时停车位；引导配送用车分时、错时停车和分类停车；允许在特定区域临时路边停车；防止出现停车设施被占用现象等。通过执行更加人性化的通行证发放和停靠管理，为城市配送用车通畅运行提供支持。

在配送车辆选用车型方面，政府应根据《城市物流配送汽车选型技术要求》，出政策鼓励物流用车使用标准化和节能环保的车型。城市物流以日常需求的生活用品运输、快递和小件货运最为普遍，服务对象包括电器、文教用品、卫生、餐饮、快递、冷链、宅急送、超市、服装批发等，为避免货物日晒雨淋通常需要厢式密闭型运输车。但由于对货运车辆的诸多限制，目前大多数快递公司使用电动三轮车进行配送，这种车不仅有一定的安全隐患，驾驶上路时也经常会违反交通规则，影响了交通秩序。2015年底，国家邮政局发布了《快递专用电动三轮车技术要求》，对三轮电动车的速度和整车质量做出了要求，但该规定落实下去有较大困难，且无法完全解决电动三轮车带来的诸多问题。随着整个社会的物质水平提高，电动物流车成为电动三轮车最好的升级交通工具，相比传统的物流车，电动物流车从长远的发展看更具优势，由于城市物流多为短途且路线相对固定，倾向于小体积、小批量、多批次运输，能有效规避新能源汽车续航里程短和充电设施少的推广应用短板，且城区对运输车辆的排放要求及外观形象要求日趋严格，因此电动物流车完全可以达到城市配送物流用车要求条件。而且电动物流车要比传统物流用车享受更多的政策优惠，如尾号不限行，可以全天候、全路段通行；还可以免摇号、免费上牌等。北京在《北京市电动汽车推广应用行动计划（2014—2017年）》中规定，要在邮政快递、电子商务末端物流等领域大力推广应用电动物流车。邮政、快递物流等企业在购买电动物流车代替原有物流用车时，可以享受国家标准1:1比例的市级财政补贴。2016年，有281款纯电动物流车进入工信部目录，较高的补贴、用电成本的下降以及消费者对环保的顾虑，必然会促使电动物流车成为城市配送物流的首选车型。

通过以上一系列对物流系统优化的构想，可以预见，优化后的物流系统运转更高效，物流成本也会得以控制。这种高效运转的物流系统可以有力地推动批发市场的商流物流进行分离，从而加快批发市场疏解升级的步伐。

第六章　批发市场疏解升级中的物流成本管理

第一节　批发市场物流成本的影响因素

城市批发市场的疏解升级为优化城市物流系统提供了契机。批发市场疏解升级后的城市物流系统优化是一个系统工程，要综合考虑各种内外部因素、宏微观因素和长短期因素，其中物流成本是一个基础性因素。控制和降低物流成本是批发市场疏解升级后城市物流系统优化的一个重要子目标。为此，本章专门探讨批发市场疏解升级过程中的物流成本管理和控制问题。

一般来讲，与批发市场相关的物流主要是供应和销售两大类物流。供应物流产生于生产者或供应商将货物运输到批发市场的过程，包括运输、储存、装卸等物流活动；销售物流则是指将货物送达顾客手中的物流活动，包括装卸、搬运、流通加工、包装、配送等物流活动。

一、物流成本的构成

目前对物流成本的研究主要是围绕着社会物流成本和企业物流成本，批发市场虽然一般被认为是交易场所，但本身也是一个流通组织，可以被看作是企业，因此本书在研究批发市场的物流成本时，主要从企业物流成本的角度出发，来探讨作为企业，批发市场应如何加强物流成本的管理。

（一）社会物流成本

我国目前认为社会物流成本的具体构成如下：

运输费用＝运费（公路、铁路、水运、航运、管道）+ 装卸搬运等辅助费 + 运输附加费

保管费用＝利息费用＋仓储费用＋保险费用＋货物损耗费用＋信息及相关服务费用＋配送费用＋流通加工费用＋包装费用＋其他保管费用

管理费用＝社会物流总额 × 社会物流平均管理费用率

从社会物流成本构成可以看出，作为社会经济组织的成员之一，批发市场会涉及里面若干费用，如运输费、装卸搬运费、仓储费用、流通加工费、包装费、配送费用等。

（二）企业物流成本

企业物流成本是经济主体在物资流通过程中为产品采购、运输、装卸、包装、仓储、加工、配送等环节支出的全部人力、物力与财力的总和。主要包括采购成本、运输成本、仓储成本、配送成本等。

对批发市场而言，批发市场是否会产生物流成本，要看批发市场采用的商业模式，不同的商业模式造成的情况不同。

如果批发市场采用的商业模式是传统商业模式，即仅提供中间商业场所，只收取租金、佣金、管理费，那该市场本身并没有产生物流成本，只是其向批发市场进驻商户收取的仓储租金费用会加大该商户经营商品的物流成本。

如果该市场采用的商业模式是向产业链上下游延伸的商业模式，有自营的运输车队和冷库等仓储设施，提供运输、仓储、配送等物流服务，即可认为该批发市场会产生运输成本和仓储成本、配送成本等物流成本。对这些物流成本，批发市场就需要通过各种手段来进行成本的管理控制，以达到降低成本的目的。本书相关内容建立在这类采用新的商业模式，会形成各种物流成本的批发市场基础上。

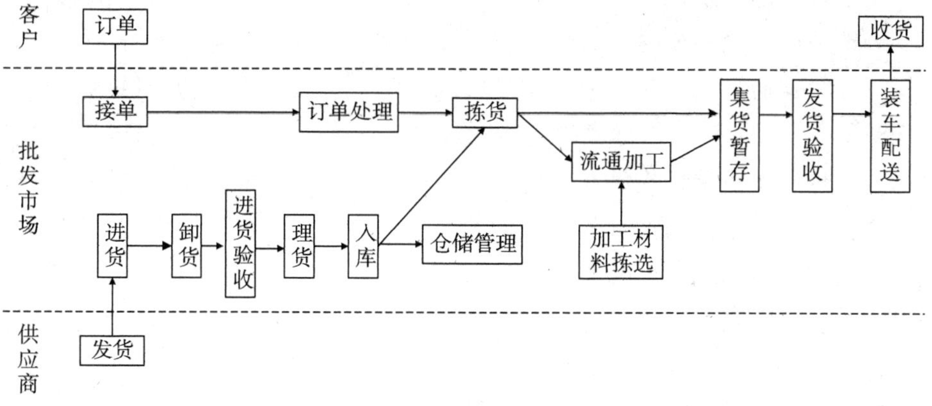

图 6-1　批发市场物流活动流程图

二、影响批发市场相关物流成本的因素

由于物流成本是企业在物流活动中发生的一切必要支出的总和，构成物流成本的内容很多，会对其产生影响的因素也很多，而且不同的因素之间也存在着此消彼长的关系，有不少学者对此进行了研究，总结了各种因素，但并没有一个统一的定论。综合考虑各种情况，笔者认为影响批发市场相关物流成本的因素主要有以下几个方面：

（一）产品因素

对于产品本身的产品属性而言，不同的产品，在产品的种类、属性、重量、体积、价值和物理、化学性质方面都可能不同，这些对物流活动如仓储、运输、物料搬运的成本问题均会产生不同的影响。如产品价值越高，其储运风险越大，物流环节成本也就越高；产品密度越大，所占运输空间越小，单位物流成本也就越低；产品越易破损，对于物流管理的要求标准越高，相应的物流投入也就越大；产品自身的保质周期越长，废品率就越低，物流成本就能够相对得到节约；产品对搬运的条件越苛刻，对运输设备、冷藏条件的要求标准越高，物流投入也就越大，尤其是对保鲜要求高的农产品，例如笋类等鲜活周期极短的农产品往往只具有数天的有效消费时间，对跨地域的物流条件要求非常高。

（二）环境因素

包括空间因素、地理位置和交通状况，空间因素主要指物流系统中企业制造中心或仓库相对于目标市场或供货地点位置关系等。若距离目标市场太远，交通状况较差，则必然会增加运输及包装成本。若在目标市场建立或租用仓库，也会增加库存成本。

地理位置主要是指批发市场的位置选择问题，其地理位置决定了产品从产地到批发市场的批货数量和运输工具类型，采购地和销售地之间的距离与运输成本成同步变动关系。作为采购方，往往倾向于缩减运输次数、增加单次运输量、增加库存，这就会对运输成本和一些产品的冷藏仓储成本提出额外要求，运输工具不达标、冷藏质量有问题都会造成产品损耗，因此，批发市场的地理位置对产品的物流成本有较大的直接影响。

交通情况看的是批发市场的周围交通情况是否便利，能否采用多种运

输工具，一般来说，交通不发达地区的批发市场物流成本往往较高。这也是为什么偏远地区的物价要比交通发达地区的物价要高。

（三）竞争因素

为应对市场竞争，批发市场在物流设备和相关基础设施建设方面的投入最终也会转嫁至单位物流成本，一般越是具有规模经济优势的大型批发市场，其分摊至产品上的竞争投入物流成本越少；为提升服务，增加产品的单位价值而进行的一些加工、包装行为，成本也会作为物流成本，如农产品的净菜加工；先进的物流技术的运用，能提升物流效益，也能够降低物流成本。

（四）体制因素

我国的运输管理部门如铁路、道路、水上、航空、管道等不同的运输部分采取分块管理，各自为政，没有一个统一的有机管理体系。这种分割体制无疑是将物流资源进行了分割，不能进行科学统一的物流分配，也没有科学地规划整个物流过程，从而形成有效的物流网，导致各种系统间衔接成本较高，每转换一次就增加一次成本。同时也给物流运行产生了阻碍，使其通畅性受到影响。一些地方政府经常会出台一些地方性政策，对当地经济予以保护，给物流运输造成一定的影响，公路运输不仅需要交过路费、过桥费、交通费等，还可能有各种罚款，特殊运输车辆的收费标准也很高，造成物流成本较高。我国拥有高达 10 万公里的收费路段，相比于全球 14 万公里的收费路段，我国占有率近七成。相比其他发达国家，我国的公路收费价格明显偏高，这一直是我国运输费用高的顽疾。

（五）政策因素

经济政策是国家或政府为了达到充分就业、价格水平稳定、经济快速增长、国际收支平衡等宏观经济政策的目标，为增进经济福利而制定的解决经济问题的指导原则和措施。经济政策带有导向性，对市场和企业行为进行指引。各种经济政策的实施对物流成本也会产生影响，政策鼓励的事情会使相应的物流成本降低，如鲜活农产品的“绿色通道”政策，就降低了鲜活农产品的运输成本。而政策不鼓励做的，则会导致物流成本的上升，如货车在城市内的限行政策，就会加大企业的物流成本。所以企业要把握政策方向，合理利用政策达到降低物流成本的目的。

（六）物流动作方式

企业物流动作方式分自营物流和外包物流两种，选用不同的方式会影响物流成本的高低。由于市场竞争的加剧，企业物流动作方式从最初的所有物流业务全部自营，逐渐发展为部分物流业务的外包直至全部外包。其重要原因就是希望通过外包寻求企业物流成本的降低。

从以上影响物流成本的因素不难看出，有的影响因素是客观存在的，批发市场无法对其进行控制，只能顺势而为，如体制因素。但有的影响因素是批发市场可以通过加强管理、采用合理的决策来进行物流成本控制的，如根据实际需要，选择自营还是外包物流。

三、批发市场相关物流成本较高的原因

我国批发市场介入物流领域的时间不是太长，和专门的物流公司相比，专业化程度不够，管理水平也相对较低，导致目前批发市场的物流成本往往偏高。另外批发市场现有的一些情况，也造成了物流成本较高。具体原因如下：

（一）批发市场集中度低，损耗率高

批发市场的市场集中度低，各大批发市场内的批发商数量众多，以小型个体批发商为主，分散经营，形不成规模效益，再加上绝大多数基于批发市场模式的批发商采用对手交易，比例接近 100%，交易信息难以预测，降低了统一规模化组织物流配送的可能性，造成单位运输成本高。

（二）批发市场仓储、配送等物流功能弱

批发市场仓储、配送功能不十分健全，仓储建设缺少规划，导致土地利用情况低下，无法形成规模，缺乏规模效应，整体仓储容量尤其是低温库容量不能满足周转需要，冷链运作能力弱，大量外埠进城的产品在批发市场内缺乏完善的储存条件，交易过程中的保管也较为粗放，仓储管理比较散漫，运作效率低下，造成一些产品，尤其是鲜活农产品损耗率高，加大了成本损失，使储存成本增加。现在也有很多批发市场由于仓库建造成本过大而选用租赁，造成租赁价格上涨，从而增加租赁成本。据中国物流与采购联合会抽样调查显示，2016 年，北京、广州、苏州、杭州、武汉、沈阳等主要城市优质仓库租金普遍接近或超过 1.3 元 / 平方米 · 天。这种

居高不下的租金水平导致仓储成本逐年递增。

配送方面缺乏统一配送的组织主体和资源能力，更缺乏流通加工、包装、物流信息处理等增值功能，由于不能及时获取相应的物流信息，运输车辆经常出现单程运输，返回时空载的现象，造成了运输费用的增加。

（三）以自营物流模式为主

批发商或加工企业一般多是自行组织运输、储存与配送，或在某物流环节上委托专门的物流公司运作，整体外包的很少。整体看来，受流通链条长的影响，物流配送中转环节多，运营主体多，且大部分主体的物流专业化程度低、规模小，未能与商流实现有效分离，客观上造成反复装卸搬运且难以实现运输配送的规模经济，从而增加物流成本。但是目前第三方物流企业大多规模偏小，以基本的运输、储存业务为主，缺乏对产品收购、加工及批零、配送环节的整体信息集成、设施支持等综合服务能力，业务不足以支撑资源整合及成本优化，不能形成第三方物流应发挥的资源整合作用，也就缺乏站在一定高度合理配置资源以优化整体物流成本的能力。

（四）缺乏物流管理的专业人才

批发市场以前比较注重交易功能，随着自身发展的需要才渐渐介入物流领域。而以往的管理人员往往水平不高，缺乏物流管理的经验，不能很好地控制物流成本。尤其是信息技术被引入物流管理之后，这方面的不足就更为明显。大多数批发市场对物流信息技术掌握不足，信息化应用不强，不少的市场目前物流管理的工作还需要人工完成，物流系统信息化应用和专业化人才缺乏，造成了批发市场向现代化物流配送中心发展的阻碍。

第二节　批发市场疏解升级对物流成本的影响

作为流通环节的重要组成部分，批发市场的疏解升级会使商流物流得到分离，批发市场承担的运输、仓储、流通加工、配送等物流功能可以部分疏解到城市周边的配送中心，因此对物流成本也会产生一定的影响，有的疏解升级会导致物流成本升高，有的则可以降低物流成本。

一、对运输成本的影响

运输成本是指在一定时间内完成一定客货运输量的全部费用支出。包括营运成本（即实际消耗的各种燃料、物料等，运输设备的折旧费、修理费、租赁费、保险费等以及员工劳务费和罚款、事故损失等）、管理费用和财务费用。影响运输成本的因素一般有运输距离、载货量、运输环节、运输工具和产品特性等。

采购运输一般属于干线运输，运输距离较长，运输的货物具有少品种、大批量的特点。使用的运输工具一般是大型货车或铁路运输、水路运输等的重吨位运输工具。

批发市场集聚货物基本都会发生运输成本，当批发市场疏解后，其商品聚集地也会搬到离城市较远而离干线运输较近的地方，减少了运输距离，能够使运输车辆不用进城就能够完成运输工作，减少拥堵造成的费用增加，运输环节也可能会减少，不用转运，就可以减少装卸搬运费，以及降低多次搬运带来的货损风险，另外干线运输一般是装载量较大的运输工具，满载时可以降低单位运输成本，综合起来看，疏解后的市场会因此而减少相应的运输成本。如北京部分批发市场疏解到五环以外，运货的大货车不用穿城，而是直接绕城而过，不用担心货车限行的问题，既减少了燃油消耗，又节约了时间，提升了运输效率。

由于疏解的承接地往往会在交通枢纽或交通发达之地，运输时可以根据运送货物的性状特点、到货时间、到货地点的不同要求，采用多种运输工具，多式联运，采用合理的运送路线，既适合产品的特性又满足经济效益的实现。同时也要保证信息技术在运输过程中的应用，了解各种运输工具路程的实时情况，通过信息技术来组织物流过程，从而节约不必要的物流错送、延时到达、空车返回等浪费。

二、对仓储成本的影响

仓储成本是指仓储企业在开展仓储业务活动中各种要素投入的以货币计算的总和。仓储成本是物流成本的重要组成部分，对物流成本的高低有直接影响。仓储成本包括仓库租金、仓库折旧、设备折旧、装卸费用、货物包装材料费用和人工费用、管理费等，货物的仓储成本主要是指货物保管的各种支出，其中一部分为仓储设施和设备的投资，另一部分则为仓储保管作业中的活劳动或者物化劳动的消耗，主要包括工资和能源消耗等。

批发市场疏解升级后，由于搬到了偏远地区，一般会导致仓储成本降低，主要表现在修建仓库的成本或是仓储租金会比市区仓储便宜，人工费用相对也会减少。当然如果新搬的仓储设施比较先进，租金费用也可能不降而升，但是高效的仓储管理，也可以提高物流效益，降低物流成本，抵消租金上涨带来的影响。

作为物流成本控制的重要内容，合理的仓储成本控制是值得关注的，仓储的具体行为方式应该根据企业自身的能力规模和企业策略来制定，企业应从备选方案中找到利益最大化的仓储形式。仓储也可以分为自营和引入第三方仓储，在商品供应链稳定、地理环境适应、货币资金可以灵活周转并足够支付构建仓库的费用的情况下，企业可以考虑用于自建仓库的形式，自建仓库也可以成为一种投资方式，对资金进行自我保值，是绝大部分有能力的企业的首选。当自身能力不足时，运用第三方储存的方式可以有效地节约仓储成本。对于自营仓储的企业来说，降低仓储成本的有效手段之一就是建立信息系统，从而降低库存时间、库存商品数量，增加商品的周转期，加快物流速度，提高消费者的满意度。

三、对配送成本的影响

配送是指在经济合理区域范围内，根据客户要求，对物品进行拣选、加工、包装、分割、组配等作业，并按时送达指定地点的物流活动，注重服务。配送所附属的功能较多，主要包括装卸、保管、包装、分拣、流通加工、订单处理等功能。由配送中心进行集中库存，向各需求单位进行物资供应，可以取代原来分散在各个企业为保证经营持续进行而设立的库存。配送是支线运输、区域内运输、末端运输，运送的是多品种、少批量的货物，配送时所使用的一般为小型货车，一般不超过 2 吨的载重量。

批发市场疏解升级后，由于搬离市区，与配送活动相关的人员工资可能会降低，但短距离的配送活动必然会增加，运输的距离和次数增多，因此会带来配送成本的上升。解决这个问题的办法是进行共同配送。所谓共同配送是指对供应者和需求者统筹分析后，采用最合理的配送路线，充分考虑配送效率，合理安排配送车辆，满装满载，避免不合理配送模式，降低配送成本的一种配送方式。共同配送可以最大限度地优化配置社会物流资源，提高城市运输组织效率，降低社会物流成本，实现物流配送的社会化、共同化、集约化、效率化。如据调查，对于北京低温食品的20亿零售市场，在共同配送运营模式下，营运车辆可由原有60家供应商的800辆降至5家物流商的400辆，单车装载率可提高50%、门店收货率可提高75%，冷链物流费用可由6%降至4%左右。

在配送过程中，客户对配送中心的作业技术和作业水平往往会提出更高的要求，这就要求配送中心最大限度地利用信息技术、网络技术，借助信息管理系统、仓储系统、个人终端系统等电子系统来完成物流配送，通过这些电子系统的应用，可以确保配送的准确性，增加配送的及时性和提升配送的安全性。随着物流信息化的不断推进，也越来越多的需要以区域性物流园区、区域性物流中心和城市公共配送中心群为公共服务平台，构建物流公共信息平台，实现区域间、城市内各物流节点与物流企业之间物流信息资源的共享，可以提高车货源和相关物流服务信息的匹配度，提高分拨和配送效率，做到将供应商、配送车辆、门店、用户等各环节精准对接；使用大数据技术收集交通路况信息，利用车载GPS导航系统，可以对配送车辆进行实时定位并提示司机根据实时路况躲避拥堵，及时优化配送路线。因此大量使用物流先进技术，加强物流信息平台的建设，可以促使我国的物流配送乃至整体物流水平得到极大的提升。投入到信息系统中的成本虽然增多，而因此带来的物流效益，又会降低运输、配送和仓储等成本。

从批发市场疏解对以上三种成本的影响来看，运输成本、仓储成本可能会减少，而配送成本很有可能增加，三种成本各有增减，具体的对总成本的影响结果并不确定，但是现在的判断都是建立在一定的假设基础上，没有确凿的数据可以证明，只能根据实际情况进行测算后才能知道。这需要大量的实例数据，如果数据表明，大多数的批发市场的物流成本因此而减少，社会物流成本也减少了，则说明疏解是必要的；且可以吸引更多的批发市场进行疏解升级；反之，则需要进行反思。但是不管最终的测算结果如何，在现有条件的基础上做好物流成本的管理才是最重要的。

第三节　加强物流成本管理的建议

所谓物流成本管理是对物流活动发生的相关费用进行的计划、协调与控制。从上文批发市场存在物流成本问题的分析来看，批发市场应该采用一些具体措施，有针对性地加强对物流成本的管理。

一、加强自身成本管理

由于物流成本的构成内容，如仓储成本、运输成本、配送成本，以及服务质量和水平之间存在效益背反的现象，因此，加强成本管理、降低物流成本要在保证物流总成本最低和不降低企业的总体服务质量和目标水平的前提下进行。

（一）加强运输成本的管理

运输成本与采购产品的种类、装运的规模、运输的距离直接相关。要减少运输成本，就要实现整合运输。一般来说，运输规模越大、运输距离越长，则单位运输成本越低，这就需要把一些小批量的运输聚集成集中的、具有较大批量的整合运输。

具体来说，批发市场应该做好以下工作：

（1）联系组织批发市场内的经营商户，建立采购联盟，从供应商或农村合作社集约采购，既能有较强的价格谈判能力，也能形成较大规模的货物运输。通过这种方法扩大运输工作量，降低单位运输成本，提高运输效率。

（2）合理选用运输方式，一般来说可选用的运输方式有铁路运输、水路运输、公路运输和航空运输，其中铁路运输和水路运输相对来说，运费较低，适合大批量运输，在条件允许的情况下批发市场可以优先考虑。公路运输也属于使用较多的运输方式，但是由于一些体制性因素，容易发生一些不可控的费用，批发市场应安排规划好合理的运输路线。

多式联运、甩挂运输、托盘运输都是目前比较先进的运输方式，托盘循环系统是一种高效运输方式，对物品的单元化，标准化和规范化都有帮助。批发市场如果选择托盘运输，只是换了原先的传统的运作方式，可以向第三方服务公司租赁托盘，没有必要自己花钱买，租赁托盘的价格远小于购买托盘的价格。批发市场选用托盘运输不仅节省了人工费用，还提升了车辆流转效率，加快了货物周转。托盘代办运输不仅提高运输效率，另一方面也加快货物装卸的周转率，使得仓库充分利用，装卸的效率高，大大降低了装卸成本，尤其是对于零售业和快消品这类商品的运输，在运输成本上的节省效果更加明显。这些先进的运输方式，国家也大力鼓励使用，出台了相应的优惠政策，批发市场应尽量采用，以提高运输效率。

（3）对于批发市场自有的运输设备，应该做好运输设备的保养维护工作，充分发挥运输设备效能，降低燃料、材料、电力消耗。

（4）加强对驾驶人员的安全教育和培训，减少因可能发生的事故而增加运输成本。

（5）建立信息化平台。通过本市场信息化平台的搭建，或充分利用公共信息平台的资源，掌握相关的运输信息，尽量减少运输车辆装载量不足、单程运输、空载等现象，以减少运输费用的支出。

（二）加强仓储成本管理

仓储成本是指一定时期内，企业为完成货物存储活动而发生的全部费用。包括人员管理费用、存货损耗、仓储设施折旧费、保养费等与仓储有关的费用。加强对存货的控制有利于降低物流成本。在仓储成本中最难控制的主要是存货的损耗，存货的损耗表现为被盗、破损、过期、变质等，商品的破损、过期、变质等都与管理的好坏分不开。另外还要根据商品销售情况及时调整商品结构，做好内部控制建设，以达到加强库存管理的目的。加强对仓储成本的管理，对提高整体管理水平，提高经济效益有重大影响，常见的措施有：

1. 提高储存密度，提高仓容利用率

可以采用高层货架仓库，密集型货架，缩小库内通道宽度、减少库内通道数量等方法增加储存有效空间。这样做的主要目的是减少储存设施的投资，提高单位存储面积的利用率，以降低成本、减少土地占用。

2. 加快货物周转，提高单位仓容产出

仓库可以使用贯通式货架系统，“双仓法”储存货物。通过采用单元集装存储，建立快速分拣系统，利用计算机系统进行货物存取，将周转快的物资随机存放在便于存储之处，以加快周转，减少劳动消耗。这些方法都有利于实现先进先出，快进快出，大进大出。可以加快货物周转速度，减少保管风险，降低货损货差。确保实现加快资金周转，资本产出效益高，增加仓库吞吐能力，实现仓储成本下降的目标。

3. 采用有效的储存定位系统，提高仓储作业效率

储存定位的含义是被储存物位置的确定。如果定位系统有效，能大大节约寻找、存放、取出的时间，节约不少物化劳动及活劳动，而且能防止差错，便于清点及实行订货点等的管理方式。储存定位系统可采取先进的计算机管理，也可采取一般人工管理。常采用的方式主要有：用库号、架号、层号、位号形成四位数字来确定存取位置的固定货位方法的“四号定位”方式，可以对仓库存货区事先做出规划，并能很快地存取货物，有利于提高速度，减少差错。利用电子计算机定位系统进行定位寻址，计算机指示入库货物存放在就近易于存取之处，或根据入库货物的存放时间和特点，指示合适的货位，取货时也可就近就便。这种方式可以充分利用每一个货位，而不需要专位待货，有利于提高仓库的储存能力，当吞吐量相同时，可比一般仓库减少建筑面积。

4. 采用有效的监测清点方式，提高仓储作业的准确程度

对储存物资数量和质量的监测有利于掌握仓储的基本情况，也有利于科学控制库存。在实际工作中稍有差错，就会使账物不符，所以，必须及时且准确地掌握实际储存情况，经常与账卡核对，确保仓储物资的完好无损，这是人工管理或计算机管理必不可少的。此外，经常的监测也是掌握被存物资数量状况的重要工作。监测清点的有效方式主要有：“五五化”堆码法，可以加快人工点数的速度，减少差错。光电识别系统，在货位上设置光电识别装置，通过该装置对被存物的条形码或其他识别装置（如芯片等）扫描，可以不需人工清点就能准确掌握库存的实有数量。电子计算机监控系统，采用条形码技术，使识别计数和计算机联结，每次存、取时，识别装置自动将条形码识别并将其输入计算机，计算机会自动做出存取记录，即可了解所存物品的准确情况，减少盘点清查工作。

5. 采取多种经营方式，盘活资产

仓储设施和设备的投入一般都比较大，尤其是冷库，只有在充分利用

的情况下才能获得收益，如果不能投入使用或者只是低效率使用，只会造成成本的加大。仓储企业应及时进行决策，采取自营、出租、借用、出售等多种经营方式盘活这些资产，提高资产设备的利用率。

（三）加强配送成本管理

配送成本是指在进行拣选、加工、包装、分割、组配、送货时所发生的各项费用总和，包括运输费用、装卸费用、包装费用、流通加工费等。配送是比较特殊的、综合的物流活动，其成本分散在运输、仓储、装卸搬运和流通加工成本中，很难单独核算。只能通过对配送活动的控制来降低相关成本。加强配送活动的控制，应从以下三方面进行：

1. 减少配送的随意性

在配送活动中，有计划的配送可以提前规划路线，合理安排车辆装载量和装载品种，从而降低配送成本。而临时配送、紧急配送或无计划的随时配送都会使车辆的装载量和品种搭配达不到最佳，从而增加配送成本。为了加强配送的计划性，需要建立配送申报制度，在实际工作中，应针对商品的特性，制定不同的配送申请和配送制度。如对一些鲜活商品，应和客户协商好定时定量申请、以便配送中心进行定时定量配送。一般一天申请一次，商品的采购量应以控制在当天全部售完为宜。对普通商品，应和客户协商好定期向配送中心订货，订货量为两次订货间隔时间的预计需要量。实行定期预先申请，只要预测订货周期内的需求量，可以提前进行配送规划，降低配送成本。

2. 优化配送路线

在配送过程中，配送路线合理与否，直接影响到配送速度的快慢、配送服务质量的好坏以及配送成本的高低。因此优化配送路线对降低配送成本、提高配送速度和质量至关重要。采用科学的方法确定合理的配送路线，是配送活动中的一项重要工作。确定配送路线的方法很多，既可采用方案评价法，拟定多种方案，以使用的车辆数、司机数、油量、行车的难易度、装卸车的难易度及送货的准时性等作为评价指标，对各个方案进行比较，从中选出最佳方案；也可以采用遗传算法等数学模型进行定量分析。目前比较常用的是 IBM 公司开发的一款软件—车辆安排程序法，利用计算机来优化配送路线。无论采用何种方法，都需要考虑以下条件：①

尽量满足所有进货商对商品品种、规格和数量的要求；②尽量满足所有进货商对货物发到时间范围的要求；③在交通管理部门允许通行的时间内送货；④各配送路线的商品量不得超过车辆容积及载重量；⑤在配送中心现有运力的范围之内配送。

3. 进行合理的车辆配置

由于配送面对的是不同的客户，各客户的需求情况不同，所定货物也可能有较大差别，一次配送的货物可能有多种不同的品种。这些商品各有不同的产品特征，在外形包装上、储运性质上可能都不一样。在装载车辆时密度大的商品可能空余的体积比较大，而密度小的商品虽达到车辆的最大体积，但达不到最大载重量。这就需要在配送时实行轻重配装，既能使车辆满载，又能充分利用车辆的有效体积，会大大降低配送费用。

在进行以上物流成本的管理中，要尽可能使用现代物流技术、信息技术。现代物流技术在提高物流绩效，降低物流成本中的作用不可低估。现代技术，尤其是高速发展的现代通信技术、网络技术应用于商业领域改变了传统物流的运作模式。基于Intranet的通信技术缩短了企业之间的距离，企业通过与供应商、客户信息共享来迅速获取资源的调配信息。与传统方式相比，信息共享一方面可以大大缩短反应时间，减少货物在物流各环节上的时间滞流；另一方面，现代信息技术与网络技术在信息获取的广度与准确性方面所具有的无与伦比的优越性使企业物流在时间、空间以及量上的决策有了更加可靠的依据。现代物流技术应用于仓库管理、运输管理，对于提高仓储、运输效率，减少货损、货差都有十分明显的效果。其应用结果就是可以使物流成本大量节减、物流各环节作业效率的显著提高，最终导致物流绩效的显著提升。

二、借助政策激励降本增效

近年来，为了加快我国物流业发展，建设完善的物流服务体系，各级政府都出台了不少的扶持政策，作为服务已延伸到物流领域，甚至已向物流配送中心转型的批发市场，也可以充分利用这些政策，降低自己的物流成本。如现在纷纷入驻物流园区的批发市场，如山东寿光农产品批发市场全部入驻山东寿光农产品物流园区，合肥周谷堆农产品批发市场迁入合肥周谷堆大兴国际农产品物流园，都是顺应了这个潮流，利用物流园区的优惠政策降低了相关的物流成本。

（一）相关政策

2014年10月，国务院印发了《物流业发展中期规划（2014—2020年）》，《中长期规划》包括一个战略定位，三个发展重点和十二项重点工程项目。其提出的总体目标是，到2020年，基本建立布局合理、技术先进、便捷高效、绿色环保、安全有序的现代物流服务体系。并提出要进一步提升物流的社会化、专业化水平；确保物流基础设施及运作方式衔接更加顺畅；物流整体运行高效协调发展方面，提出要推进区域物流、国际物流发展；从环境保护方面，提出要大力发展绿色物流。

《中长期规划》要求打破条块分割和地区封锁，减少行政干预，建立统一开放、竞争有序的全国物流服务市场。进一步优化通行环境，加强和规范收费公路管理，保障车辆便捷高效通行，积极采取有力措施，切实加大对公路乱收费、乱罚款的清理整顿力度，减少不必要的收费点，全面推进全国主要高速公路ETC系统建设。加快推进联通国内、国际主要经济区域的物流通道建设，大力发展多式联运，努力形成京沪、京广、欧亚大陆桥、中欧铁路大通道、长江黄金水道等若干条货畅其流、经济便捷的跨区域物流大通道。

另外，中长期规划中，对发展物流社会化、专业化，加强建设物流基础设施网络设施，物流信息化、标准化的建设等都进行了具体的规划。给我国物流业发展在多方面带来了机遇，也为降低物流成本铺平了道路。

2013年9月30日，国家发改委等12部门联合发布《关于印发全国物流园区发展规划的通知》（发改经贸〔2013〕1949号）。要求各地政府要适当放宽对物流园区投资强度和税收强度的要求，鼓励物流企业入驻物流园区。

2013年5月30日，国务院办公厅印发《深化流通体制改革加快流通产业发展重点工作部门分工方案》（国办发〔2013〕69号），其中涉及物流业的内容主要是：加快推动第三方物流的发展，加强供应链管理，加紧建设完善的废旧商品回收体系，支持建设具有公益性质的大型物流配送中心、农产品冷链物流设施等，加快推广物联网技术的应用，支持建设现代物流中心等。

2015 年 8 月 3 日国家发展改革委发布《关于加快实施现代物流重大工程的通知（发改经贸［2015］1776 号）》，提出要在多式联运工程、物流园区工程、农产品物流工程、制造业物流与供应链管理工程、资源型产品物流工程、城乡物流配送工程、电子商务物流工程、物流标准化工程、物流信息平台工程和应急物流工程 10 个领域引领企业开展项目建设，在政策允许的范围内对列入现代物流重大工程的项目给予一定土地、规划、融资等政策支持，以便为我国的物流发展夯实基础。

从以上这些方面的政策出台不难看出，我国政府已下决心为推动物流业的快速发展铺平道路，交通运输方面的政策是为了降低企业的运输成本；税收方面的优惠是为了给企业减少税负；行政审批手续的简化和行政性收费的减少直接可以使企业的管理费用得到控制；物流园区方面的政策可以使企业减少仓储方面的支出。

（二）利用交通政策，降低物流成本

1. 享受政策福利，减少物流成本

交通运输离不开政府的支持，目前国家正在大力建设物流基础设施，在水路、铁路、航运、管道等运输设施方面都进行了大资金的投入，在物流中长期规划之中，国家将大力推动“港站一体化”的发展建设，形成京沪、京广、欧亚大陆桥、中欧铁路大通道、长江黄金水道等若干条货运通道畅通，形成经济便捷的跨区域物流大通道，这对于企业运输来说不得不说是最直接的支持。

另外，过路费过桥费等高额的费用有所下降，乱收费、乱收罚款的行为得到改善，实行高速路停车不收费等有力措施无疑为企业的物流运输成本的降低提供的有效支持。

2. 采用先进运输方式，提高运输效率

企业可以采用先进的运输技术，通过提高运输方面的效率来降低物流成本。如甩挂运输是一种比较先进的集约型的运输方式，可大大减少企业物流成本。2010 年，交通部发布的促进甩挂运输的通知里提出，在甩挂试点地区的企业可以尽量选择甩挂运输方式来改进运输情况。山东作为首批试点省市，已有很多物流企业使用并得到了甩挂运输带来的实际效果。例如山东荣庆物流公司已完成公司广州至上海、上海至北京两条线路的甩挂运输改造工作，公司领导人反馈："我们公司确确实实得到了甩挂运输的实惠，两条线路综合运输成本下降了 20%。"

2013 年 7 月 11 日，交通运输部办公厅和财政部办公厅联合发布《关于开展公路甩挂运输第三批试点工作的通知》，经过筛选后确定了 41 个试点项目进入第三批甩挂运输试点名单。加大运用这种先进的运输方式，可以使企业降低相应的运输成本。2014 年，商务部又推广了托盘循环系统试点工作。

（三）利用土地优惠政策降低物流成本

根据前面分析可以看出，目前我国物流用地资源紧张，由于房地产等产业的影响导致土地价格偏高，给我国物流存储带来比较大的负担。对此，无论是《物流业调整和振兴计划》还是最新的领导性纲领《物流业中长期发展》，都出台了相应的土地支持政策来缓解这些问题。尤其是《财政部国家税务总局关于物流企业大宗商品仓储设施用地城镇土地使用税政策的通知》（财税［2012］13 号）更是针对物流行业选地用地问题出台了相应的税收优惠政策，即对符合条件的物流企业自有的（包括自用和出租）大宗商品仓储设施用地，减按所属土地等级适用税额标准的 50% 计征城镇土地使用税。各地政府为此也纷纷出台了配套的优惠政策以鼓励物流业的发展，对此，企业应该迎合这些优惠政策采取以下措施。

1. 入驻物流园

物流园是一种集约化使用土地资源的物流基础设施，是我国政府积极推进物流业发展的重要举措，因此，对入驻物流园的企业各个地方政府根据自身情况都有不同的优惠政策。并且物流园的建设受到政府的大力投入和支持，对仓储土地用地使用一种资源整合的合理运用。企业可以根据所在物流园的布局对自身进行定位，开展个性服务的定制。

所以入驻物流园，企业可以在一定程度上减少部分土地的购置费，也利用政府对物流园区所提供的税务，融资等方面政策享受优惠，减少物流成本。

2. 合理利用已有的土地资源

目前，面对我国土地资源紧张，物流业用地困难等问题，国家鼓励工业企业就地取材，借助自身原有的一些旧厂房，仓库和存量土地等资源建设物流设施，并提供物流方面的服务，而且对旧厂房的回收利用也给予了相应的优惠政策。对此，企业可以充分利用自有旧仓库等闲置的土地资源改造再使用，避免要重新选地购置所带来的成本费用，降低物流成本。

另外，企业可以对自身的储存仓库进行升级改造，合理利用空间资源，降低仓储成本。比如建立高架立体库，提高空间使用效率，购买先进的仓储自动化仪器设备。虽然短时间内建造设备和仓库会加重企业的物流成本，但是从长远发展来看，会大大降低企业仓储成本，从而降低物流成本。

物流企业根据对自身业务类型和企业性质了解是否符合土地使用税政策，但是，尽管有政策支持，我国发达地区和中心城市地区的土地房产价格还是偏高，所以对于仓储地址的选取尽量向欠发达地区或者中小型城市、郊区选址，可以降低仓储成本。

（四）采用“绿色方式”，降低物流成本

随着我国对环境越来越关注，“绿色物流”这一理念在政策上也备受关注。近两年，“绿色物流”也进入了我国物流发展的规划之中，虽然国家没有具体的措施，但是在其他法规政策中都有所体现，比如对废物回收再利用的税费优惠政策，有关包装物的相关规定及甩挂式运输工具试点通知等政策。因此企业应注意到该方面政策的引导，积极做好应对措施。

首先企业对包装的基础尺寸大小标准化，并且尽可能地使包装的尺寸与存储仓库和运送设施的尺寸统一化。其次，企业对产品的包装要大型包装，集装处理，这样既提升运输效率又节约边角废料。企业对于产品的包装物可分类处理，对于多次使用的包装物回收循环利用，对于可再生包装物，可以资源再生另作他用。“绿色处理”的方式能让企业节省包装材料，从而减少包装方面的支出。另外在流通加工中，企业可以进行专业化集中处理，收集加工过程中的边角废料减少资源的浪费，从而减少加工过程中物流成本。

（五）做好企业物流管理信息化建设工作

信息化和标准化是现代化物流管理的重要前提。《物流业发展中长期规划》明确要保障12项重点工程的建设，提出到2020年基本建立起现代的物流服务体系，提升物流业标准化、信息化、智能化、集约化水平，提高经济整体运行效率和效益。

目前《规划》已经把建设物流信息化提到日程上来，在物流供应链各环节，企业不仅要加强物流基础设施等硬件设施的建设，更要在物流信息化上投放更多的注意力，增强企业的软实力。国家也在抓紧公共服务平台的建设，陆续有全国性的物流公共信息平台上线。例如，2014 年下半年，中国金融物流公共服务平台上线，对社会公共资源的共享，企业的规范化发展等都有重大意义。

对此，企业可以建立并借助其丰富的数据资料库和开放式的商务功能实现企业自身的信息交流、业务交易等信息化行为。企业可以借鉴西方发达国家技术，引进优秀的信息系统进行信息化管理，比如某企业在内部控制方面，通过实施网上 OA 办公系统、ERP 管理系统来加强业务活动，引进原料卸车自动排号系统，使业务流通过程得到改善，大大提高了运营效率；在物流产品异地仓储方面与异地库联网，实行对异地库产品出入库远程监控动态管理，有效防范了经营风险。同时企业应该重视与其他合作企业或者部门的数据共享和业务对接，实现区域内或者行业内的物流信息平台资源共享，利用交通运输信息平台，提升运输效率。比如在物品运输方面，可以与铁路运输关联业务网连接，实现物流数据的交接；与铁路运输的各类标准对接，推行物流作业标准化流程，提高物流运输运作效率。同时，企业可以与第三方物流企业开展合作，积极研究探索建设或利用第三方平台发展电子商务销售模式 . 发展第三方电商物流和仓储配送中心。利用信息化、标准化平台提升企业整体运营效率，使物流成本得以有效控制。

第七章　城市批发市场疏解升级的经验借鉴与对策

第一节　韩国批发市场疏解升级经验

一、韩国首尔东大门批发市场情况介绍

始建于1905年的东大门综合批发市场位于韩国首尔江北中心区，经过近40年的快速发展，已成为首尔最著名的购物区以及亚洲最大规模的批发市场之一，其经济辐射范围涵盖整个韩国乃至部分亚洲地区。东大门综合批发市场经营范围以服装批发为主，服装面料交易量占整个韩国市场的80%，是一个集服装面料、辅料、配饰及结婚用品销售于一体的大型市场。整个市场从韩国首尔市钟路5街“广场市场”开始到清溪8街“新设综合市场”为止，大约两公里之内有32个市场大厦，约有2.8万个商铺，5万个制作厂，吸纳了约15万的就业人口，2011年日均流动人口高达50万人次，日均营业额高达500亿韩元（约合人民币2.7亿元）。东大门商业区可分为两个部分。第一购物区以零售为主，营业时间为上午10 ：30到次日凌晨5 ：00；东大门运动场一侧的第二购物区以批发为主，营业时间为傍晚8点到次日早晨8点或下午5点。整个商业区由传统商圈、东部现代商圈和西部新兴商圈组成，在东大门商圈内，无论服装成品还是面料、纽扣、拉锁、商标标签、包装用的纸袋、纸盒都可以实现一站式购买，其区域内聚集了从事面料、服装辅料、生产加工、商品企划与设计、流通等各种工厂和企业，形成了一个产业链完整的服装产业集群中心。

二、东大门批发市场的发展历程

东大门综合批发市场从成立伊始，到初具规模，再到现今的举世闻名，其发展经历了带状顺延发展、多核集群发展及综合分区发展三个过程。

1. 带状顺延发展阶段（1905—1960年）：1905年以朴胜直（韩国斗山

集团创建人）为中心的“广场市场株式会社”的成立开始有了东大门市场的雏形，在这一阶段东大门批发市场主要沿清溪川顺延发展，以服装、辅料批发为主，商业业态以沿街商铺为主。

2. 多核集群发展阶段（1960—1990年）：1961年建立了平和市场，市场开张后，开启了缝制等纤维服装产业。在这一阶段东大门批发市场主要以平和市场所在的西部零售区域和光熙市场所在的东部批发区域多核集群发展，以服装、辅料、日用品批发和零售为主，商业业态有百货商场、专卖店、仓储式商场、综合购物中心和传统批发市场等。

3. 综合分区发展阶段（1990年至今）：1990年art plaza在东大门诞生，开始主打年轻人服饰，开启了现代时尚服饰市场。通过凌晨开门，循环交通系统的运营等导入了积极的销售概念。1998年Migliore商城开业，将原本只从事批发形式的流通形态加入了直接针对消费者的零售流通形式，使东大门市场成为综合性服饰市场。在批发商圈成熟的基础上，东大门批发市场向南延伸出以设计、展示为主的东大门设计广场，向西延伸出以零售、餐饮、娱乐、休闲和健身为主的综合购物中心，向北延伸出以箱包、鞋类和宠物批发市场为主的综合批发市场区，形成业态多元、产业链完备和错时分区发展的批发市场商圈。至此，东大门批发市场步入了全面成熟的集产品研发、制作、销售及运输于一体的服装产业聚集区。

三、东大门批发市场升级的规划借鉴

（一）政策引导，推动产业发展

在东大门市场的升级发展过程中，首尔政府发挥了不可忽视的作用，对东大门地区的产业发展进行了清晰的宏观和微观指引。

1. 宏观层面

首尔政府制定了《首尔城市基本规划2030》，将东大门批发市场所在区域划分为五大生活圈中的城中圈，该圈将“强化历史文化中心地位与国际竞争力”确定为发展的重中之重，从而提升了市中心的价值。同时，首尔还制定了“设计之都”的发展目标，东大门地区被定义为首尔的时尚中心，成为首尔“创意产业”的主要平台之一，享有周边东大门时尚支持中心、东大门出口支持中心、东大门时尚创作工作室等平台的支持。

2. 微观层面

首尔政府通过“昌信村重组振兴计划”，对分散居住于建筑底层的缝纫工厂进行了更新改造，以改善居住和就业环境。根据《首尔城市基本规划 2030》里规划，昌信洞（以下简称 CSD）规划确定的土地使用性质为居住用地，而实际上该地却成为了低收入阶层的居住区和缝纫工厂集中区，低廉的租金和便利的区位使得近千家缝纫工厂租用建筑一层和地下室作为服装制造工厂。首尔政府为改善 CSD 的居住环境和就业环境，拆除了所有老旧建筑，重新建设高层居住区和大型公寓。在对 CSD 进行更新改造的时候，还充分考虑原料供应商、服装制造商与批发市场的经济、空间关系，在不破坏原有供求关系的前提下进行了产业结构更新。建设了一栋八层楼的工厂大厦，将所有的缝纫工厂聚集于此，为服装制造业集聚提供了空间支撑。

（二）多元融入，丰富商贸功能

随着服装批发市场外部环境和产业结构的变化，东大门地区的商贸功能经历了多轮演变，呈现批零兼备、虚实结合及业态多元的特征。1998 年开业的 Migliore 商城增加了零售业务，同时融入电子商务功能，实现了线上、线下市场同步交易。经过多年的发展，东大门市场由沿街经营、业态单一的市场向功能分区、批零结合、错时经营及电子商务的综合市场进行了转变，已经不是传统意义上的服装批发市场，而是集生产、设计、研发、交易、展示、零售及批发于一体的服装交易中心。

（三）划区经营，合理安排产业

结构的变迁导致东大门地区的空间布局经历了三轮变迁，形成了“一核两带，双心四区”的空间结构。“一核”为清溪川和地铁 4 号线交汇处的批发商贸核心，承载着商贸服务、人流集散及配套服务等核心功能；“两带”为沿清溪川的东西向市场发展带和沿地铁 4 号线的南北向产业发展带；“双心”为产业发展带北侧的生产制造中心和南侧的创意展示中心；“四区”分别为市场功能区、创意展示区、生产制造区和生活服务区。市场功能区采取划区经营的模式，进一步细分为清溪川两侧的传统市场区、东侧批零结合区、西侧零售市场区和东大门设计广场东侧的物流专门区。其中，传统市场区的市场以销售综合成衣、面辅料、内衣、皮革制品、装饰品和鞋为主；东侧批零结合区的市场多以年轻人的休闲服装为主；西侧零售市场区的市场大部分以经营休闲时尚服装、进口服装、设计师品牌服装、面辅料和综合成衣的零售型购物中心居多。东大门批发市场采取错时经营的模式，西侧零售市场区白天经营，东侧批零结合区、传统市场区的批发工作则主要在夜间操作，这种时间安排既能照顾到各类顾客的购物时间需要，又能缓解当地的交通压力，是一种比较值得借鉴的经营方式。

（四）批零结合，构筑物流支撑

东大门批发市场拥有便利的市内交通和区域交通，附近有地铁 1、2、4 号线经过，依托良好的交通条件，形成了韩国最大的中转站，为东大门批发市场业主提供了安全、便利的物流支撑。东大门批发市场货运流线分为三部分，即取货、附加服务业务（包装业务、件数清点、换标）和运输业务（国际通关业务），这三部分在功能上趋于分化、在空间上趋于分离，形成了东大门批发市场合作物流和零散物流两种物流模式。合作物流模式即物流公司与商厦合作，在商厦内设有物流专门区域；而零散物流模式收货区域位于大厦街道两侧的固定区域，货物随后被发往韩国各地乃至全球。零散物流和合作物流的结合可以满足东大门批发市场快速、小件运输和国际化的需求，为东大门地区作为世界时尚潮流服装集散地提供有力的支撑。

韩国政府在东大门批发市场的规划和转型升级方面的整体思路充分考虑了市场的实际情况和需要，其具体政策引导的经验，对我国政府制定规划和政策，推动批发市场疏解升级有着重要的借鉴意义。

第二节　国内批发市场疏解升级的经验

批发市场逐步搬离市中心是经济发展的必然结果，近几年随着批发市场对城市交通等的负面影响日益凸显，批发市场疏解升级逐渐加速。广州市人民政府 2014 年出台了《关于推动专业批发市场转型升级的实施意见》，从工作思路、工作目标、工作任务、工作要求等方面对批发市场转型升级进行了规范。广州市经贸委印发了《广州市批发市场转型升级评价试行办法的通知》，目的是对现有的批发市场进行准确的、定量的评价，以推动批发市场向价值链高端延伸，推进现代服务业发展。郑州市人民政府2012年出台了《关于推进中心城区市场外迁工作的实施意见》，以优化商品交易市场聚集区布局，《意见》规定，凡在三环以内及商都路两侧的商品批发交易市场和具有批发功能的农贸市场，凡是严重影响城市交通和居民生活环境的；城市规划区内因受地域空间限制，经济效益差，环境污染大，配套设施不齐全且提升改造困难的；消防安全不合格，存在消防安全隐患的；不符合城市整体发展规划的商品批发交易市场及配套的仓储物流，均须列入外迁范围。四环内除规划的公益性农贸市场等，原则上不再新建商品交易批发市场和仓储物流项目。此外武汉、杭州、长沙等地都对批发市场升级、搬迁等工作进行了部署，并取得了积极进展。

一、部分城市工业品批发市场疏解升级经验

（一）郑州经验

在广袤的中原腹地，中部中心城市郑州拥有铁路枢纽，交通方便。河南省人口众多，具有较强的消费能力，这为郑州商业发展奠定了基础。2007年郑州提出的“建设商贸都市”思路，理清了以生产性服务业为突破口、发展现代服务业的关键思路。

1. 政府大力支持并出台相关文件，给市场和商户送上“定心丸”。郑州市政府出台了《关于加快推进中心城区市场外迁工作的实施意见》。该《意见》不仅明确了规划引领、先建后迁的原则，而且给出了具体的规划方向及一系列的优惠政策。市政府计划每年在预算内安排1亿元，作为中心城区市场外迁引导资金。同时县（市、区）要对市财政专项资金给予1:1配套，对按期完成市场建设并搬迁开业的，根据项目建筑面积、投资额及工程进度情况对市场开办方进行资金奖补（具体奖补办法另行制定）。

2. 不同业态，区别对待。批发业态要出去，零售、展示可保留。有一些市场，方方面面都做得非常好，手续什么都有，又不影响交通又不影响规划，可在原地进行进一步升级。比如工艺品市场，体积很小，不影响市民生活，可以继续在市里集聚发展，可以发展成工艺品特色街。

3. 土地属性明确。搬迁后的土地属于商业用地，要“招拍挂”，如果通过招拍挂的方式，对土地进行供应，郑州很多批发市场开发者很多都不

具备买土地的资本。而对从事这项市场经营的人，政府给予优先竞拍权。商业用地的年限为四十年。

4. 定位明确。新建“一区两翼”批发市场群重点打造十大批发市场：荥阳广武主打农产品，中牟主打汽车，新郑龙湖主打建材，新密曲梁主打服装等。

5. 规划引领、先建后迁，分阶段进行，不急于求成。2013—2014 年为重点搬迁阶段。该阶段需要迁建的市场有 57 个。同时对以火车站商圈的服装类和以东风路为核心的电子类等 43 家商品批发市场进行改造提升。2015 年为全面搬迁阶段。该阶段需要迁建的市场有 77 个。计划 2015 年底以前，完成 177 家中心城区的商品交易批发市场的外迁工作。

（二）武汉汉正街搬迁经验

武汉地处长江中游，号称九省通衢，20 世纪初期和中期一直是中国大陆的五大城市之一。汉正街位于武汉市硚口区，汉口的繁华地带，它的存在为武汉的历史添上了浓墨重彩的一笔。现在汉正街在全国十大市场中名列前茅，过去的汉正街则把握着武汉早期商业的命脉。汉正街自古就有“天下第一街”之美誉。汉正街批发市场横跨汉口 78 条街，总占地面积约 2.56 平方公里，老街集市类型的批发市场及新增加市场的总零售面积约 240 万平方米，有批发商逾 2.7 万人，大小不一的批发市场上百个。然而，汉正街批发市场的产品多属于服饰、鞋类、布料、手工品、日用家庭用品、副食品等劳动密集型产品，产品附加值不高，商户主要依靠放量来获取利润增长，每年向武汉市上缴的利税总额不足 2 亿元。

汉正街搬迁前期搬迁难以进行，一方面是由于汉口北多数市场仍处在建设期，零星的商户难以形成聚集效应，生意确实不如在汉正街好做。更重要的是部分既得利益者对整体搬迁造成不小的阻力。八九十年代，一般只需要 10 万元就能买到一个铺子，现在铺主光收租一年就能净得 100 多万元。租铺商户搬出汉正街后，政府给予铺主的补偿都是一次性的现金或物业，没有了源源不断的租金可赚。所以铺主一直阻挠搬迁。

政府强硬态度促成搬迁。政府一边加大补偿力度、一边加强新市场的人气提升，渐渐地商户开始成批搬往汉口北新市场。但仍有部分既得利益者拒绝搬迁。去年，武汉市政府为加快搬迁进程对汉正实施交通管制，禁止货车通行，禁令掐断了物流链条，汉正街生意渐冷，搬迁成大势所趋。汉口北新市场人气渐旺，现已承接多半汉正街的商户，很多商户表示如今的生意好于当初在汉正街。随着新市场吸引力的加大，相信汉正街的整体搬迁即将完成。

武汉批发市场在搬迁过程中注意结合产城结合，构建新型城镇化发展模式，对于很多批发市场来说是一个非常新的思路。原来很多运营企业更多关注批发市场自身发展，但汉口北走出了一条带动区域综合发展的新模式。作为实体批发市场，汉口北在拉动经济增长、带动就业、促进行业发展以及实现内外贸一体化等方面，也发挥了积极的作用。汉口北在项目投资与发展的过程中，超前的眼光、坚韧不拔的精神、规划先行和配套到位等四点经验，这些都是全国批发市场转型升级以及外迁中，可资借鉴的重点。

（三）广州经验

广州作为全国总体规模最大、市场数量最多、成交金额最活跃、辐射面最广的专业市场集聚地，对促进广州商贸流通业发展、增强中心城市竞争力有着重要的作用。

1. 摸清批发市场现状，采取了招标建立批发市场数据库的方式。2014年11月，广州市专业批发市场布局规划及配套的汽车货运场布局规划项目开始招标，规划范围涵盖全市7343平方公里内的批发市场，并研究存量市场的转型升级策略、增量市场选址与发展策略。招标公告显示，该规划要求自合同签订之日起120日提交成果，规划招标价格为700万元。本次规划范围包括广州市域十一区，面积7434平方公里，对象是经过国家工商部门正式注册、具有批发《市场登记证》的商业性企业，主要涵盖广州市“市、城”等类型的专业批发市场。规划期限近期为2014年–2016年，远期为2016—2020年。规划目标是为专业批发市场转型升级及规划建设提供科学依据，强化巩固广州市专业批发市场在全国的地位，推动专业批发市场的价值链从低端向高端转型、管理服务从无序到有序、市场辐射从国内向国际、交易手段从传统向现代的转变，推动广州市建设国际商贸中心。招标公告中明确，要对全市批发市场“标图建库”，对一般市场的位置进行标点，并收集市场概况、现状建设情况、规划情况、权属信息、许可证等信息、数据，在GIS中挂接入库。其中，重点市场还需进行用地、建筑的范围进行标注，对建筑层数、功能等相关的信息进行入库。最终形成与“三规合一”平台相衔接的具备信息显示、数据更新的数据库，并分析广州市专业批发市场的地位、功能与作用，总结广州市专业批发市场从计划经济时代以来的发展历程与机制，分析广州市专业批发市场的现状规模、布局、影响力等特征，摸清与批发市场配套的货运站和仓储的现状和问题，总结专业批发市场存在的问题及原因。

2. 针对不同市场，分别采取原地转型、关闭搬迁、业态转营和规划调整等多种形式实施转型升级。以白马服装市场、太平洋电脑城等为试点实施原地转型，提升服务功能、引进现代交易方式，2014 年底前完成。以南洲二手车市场等为试点实施业态转营，推动传统批发市场向零售、商业街等业态转变，预计 2016 年底前完成。以兴发广场、华南汽贸广场、芳村茶叶城等为试点实施规划调整，预计 2016 年底前完成。以黄沙水产市场、西城同德鞋业市场等为试点，对低端市场、临建类市场实施搬迁或关闭，预计 2016 年底前完成。

3. 政府推动传统批发市场与新建的展贸市场对接，引导中心城区内有发展前景的市场分期分批搬迁到批发市场优先发展区。如果有消防隐患、交通堵塞的情况，可能就要搬迁；如果是属于广州在全国有影响力、有知名度的市场，最后的结果就是就地改造，不会盲目或者不负责任地对待每一个市场。

（四）北京各区经验

目前朝阳、丰台、西城、海淀的市场搬迁力度比较大，取得了积极进展，普遍注重采用法律手段、经济手段，辅之以行政手段，取得了积极进展，并且保持了社会稳定。

朝阳。朝阳区确定 245 个专业类批发市场外迁或者升级。目前北京各个区对批发市场搬迁力度最大的应该是朝阳。朝阳采取果断措施，依法关闭没有正规手续的市场（四元桥汽配城），推动严重污染的市场搬离北京（例如西石河石材市场），石材市场已前往河北选址。考虑到建材家居市场的负面影响相对较大，建议管庄建材市场等考虑搬迁前往香河等地，实现市场的分类集中，同时带动当地经济发展，同时可以服务北京居民的正常生活需求。十里河建材市场目前只搬迁了民乐市场的一小部分，市场升级转型工作还有许多任务有待实现。

西城。北京市西城区政府已经在动批附近的国谊宾馆成立了北展地区建设指挥部，负责引导、协调该地区进行产业调整工作以及涉及的拆迁和补偿工作。考虑到批发市场涉及到的利益主体比较多元化，还成立了北京西城区北展地区社会经济发展协会，作为政府与市场主办方沟通的桥梁。

西城区的经验是尊重市场的选择，依法行政，没有实行一刀切的政策，尊重市场的选择，措施比较果断，对于租赁合同已经到期的天皓成批发市场果断关闭，没有引起激烈反弹，鼓励采用司法的手段解决市场和租户的经济纠纷。采取了严格查处道边违规寄存业务等手段来规范市场，提高其经营成本，有利于促进市场搬迁。

丰台。丰台区针对企业不同的选择，出台不同政策，扶持符合首都定位的企业在“大红门”地区进行产业升级，以达到“有退、有转、有升级、有回归”的功能完善目标。同时积极促成了大红门商圈和白沟的合作。2014 年丰台区已经启动关闭低端市场，部分商户退出了市场。2015 年丰台区将启动南苑乡的时村和东罗园的城乡一体化改造，这两个村就位于大红门区域内，其中的 12 个市场也将随之启动改造，腾退其低端产业，部分市场将拆除，部分市场将升级。涉及商户约 5000 户。

海淀。海淀区近两年大力调整中关村西区电子卖场业态，区域内批发零售业占总体法人单位比重从 66% 缩减为 40%，就得益于紧密衔接政府、行业组织、市场主体之间利益关系。政府一方面严厉打击中关村西区电子卖场内的水货、假冒伪劣产品，提高摊位经营成本；同时成立行业发展商会，倡导行业自律，引导批发市场主办方规范经营，配合政府推进业态转型升级。具体操作过程中，政府成立基金吸引社会资金来运营，基金从小商户手上整体趸租零散的摊位，化零为整，然后按照科技创新中心的定位成规模引入高端业态。政府给予适当补贴，让新业态有稳定收益，这样对剩下的零散商户形成正向利益刺激，主动参与转型升级。但是其中关村的智力优势具有一定的独特性。

二、部分城市农产品批发市场疏解升级经验

在推动农产品批发市场的外迁升级过程中，有的市场已经走在了前面，并积累了一定的外迁升级经验。如北京新发地批发市场和合肥周谷堆

农产品批发市场都是改革的先行者。

（一）北京新发地农产品市场

截至 2014 年底，新发地市场共有固定的摊位 5558 个、拥有定点客户 8000 多家，年交易各类农产品 1450 万吨，交易额 536 亿元，提供了北京 80% 的蔬菜、水果，是满足北京市民日常生鲜食品需求的主力军，还发挥着储备库作用。在稳定市民蔬菜水果供给、平抑市场价格波动方面发挥着重要的作用。作为北京市最大的农产品批发市场新发地，其 2013 年以来的外迁升级经验值得其他类似市场借鉴。

近几年新发地市场实施了“内升外扩，转型升级”的发展战略，首尾兼顾，注重供应货源和居民零售同步发展。从 2010 年就开始在北京市五环以外和河北省境内以及全国主要产地建市场，目前已在全国农产品主产区投资建设了 13 家分市场和 200 多万亩基地，对于大量低端普菜批发交易，通过外扩的方式进行了外迁，如与高碑店合作的高碑店农产品分市场在 2015 年 10 月 30 日正式试营业，这是京津冀协同发展下北京农产品批发市场外迁首个落地项目。该市场将承接新发地大部分的物流集散功能，做好供应基地及承接平台工作，增强本部的调控功能，稳定农产品价格。预计将来能减少批发、物流等相关行业的外来在京人口 30 万 ~50 万左右，减少货运进京车次 1000 万辆 / 年。

在升级方面，新发地市场首先在配送方面进行了升级，在北京市区内建立了 150 多家便民菜店，300 多辆便民直通车，通过该方式减少场内大量零售业务的交易，进店果菜由新发地实行统一采购、配送、定价、结算，为社区居民带来了很大的便利。其次新发地市场大力建设市场配套设施，改善市场卫生环境，新建设的新发地综合交易大楼已于 2015 年初正式投入使用，2015 年新建的信息化冷冻库也将投用；最后新发地市场在电子交易方面也在不断升级，成立了全国最大的农产品电子交易中心，努力推动现货交易向电子交易转变，引导建设公开合理的价格调节机制。

新发地农产品批发市场疏解升级项目采取分阶段、分重点逐步实施的办法，主要分为两个阶段：

第一阶段：调整、改造、建设期——“内升外扩”阶段。内升方面，对市场进行规范、升级改造，硬件提升，在新发地原有市场进行硬件设施的升级改造，将原有露天交易场所区改造升级为交易大厅。功能提升，在原有功能基础上进一步改造，建立专门的、完善的金融结算中心、信息中心、农产品加工区、农产品配送区和农产品检验检疫中心。服务提升，在传统农产品交易区基础上，新增国际农产品展示区、国内农产品展示区、农产品品牌交易区和冷链仓储服务区，促进农产品有效分级，推进高品质产品交易。外扩方面。在北京市周边和郊区，如河北涿州、高碑店、唐山等地以及北京郊区大兴或房山等地建立卫星市场，共同形成新发地市场集群，在全国各地建立500万农产品供应基地和遍全国的农产品产地市场，更好地为首都经济和居民服务。

第二阶段：完善、提升、发展期——供应链一体化管理阶段。该阶段新发地市场继续配套完善市场基础设施建设和提高市场管理水平，紧密结合我国农业生产分散、规模小和农产品流通组织化程度低、集体供货程度较低等特点，扩展新发地组织功能的优势，将集原料采购和农户生产也纳入到市场的一体化管理中来，通过提供流通组织、产品储存、商品展示、信息支持、融资担保、流通加工、配送服务、商品检验等配套完善服务，形成从源头到终点的农产品供应链一体化管理，为更好地平抑物价、满足需求提供了良好服务。使市场从原来仅承担交易载体功能扩大到对农户进行统一生产指导、大宗农产品收购、农产品组织上市、农产品交易、农产品流通、信息服务和金融服务等“基地＋市场＋大型中介组织”的农产品供应链一体化管理平台。

新发地市场在疏解升级过程中，实施了六大类重点工程①。

一是保障升级类工程。新发地绿色有机农产品物流交易区建设项目。为打造首都农产品安全品牌，联合北京蟹岛集团、北京方圆平安有限公司两家国家级农业产业化龙头企业投资5亿元，建设新发地绿色有机农产品物流交易区。可实现年交易额60亿元以上，为国家上缴各种税费3000万元，为首都市场提供160多万吨绿色有机农产品，2012年5月19日正式投入运营。12万吨大型冷库建设项目。为保障首都农产品的供应，提高极端天气和特殊时期下首都农产品的储备能力和应急保障能力，拟投资约10亿元，建设总占地面积200亩、总建筑面积20万平方米，库容为12万吨。

① 资料来源：新发地市场官网信息。

二是展贸升级类工程。北京新发地农产品电子交易中心建设项目。为推动现货交易向电子交易转变，引导建设公开合理的价格调节机制，与北京石油交易所于2010年3月在北京市丰台区丽泽商务区注册成立了全国最大的农产品电子交易中心，注册资金1000万元。2010年12月份挂牌，力争在3~5年成为全国农产品的交易中心、信息中心、结算中心和价格指数中心。北京新发地国际绿色物流区建设项目。为大力开展农产品国际贸易，吸引国际农产品贸易强企，联合北京市科委共同创建“北京新发地农产品安全科技示范工程”，占地30亩，投入8000万元，2010年8月25日正式投入运营。新发地国际水产品交易城建设项目。为改善交易环境，打造首都一流的高档次海产品交易中心，与北京南丰兴利投资有限公司、北京恒益永兴商贸有限公司合作，该项目占地200亩，总建筑面积13万平方米，投资5亿元，建成后将成为北京市最大的水产品交易中心。新发地蔬菜综合交易大楼建设项目。为改变蔬菜露天交易现状，提高首都蔬菜供应流通效率、土地集约利用效率，改善市场卫生环境，建设占地229亩，总建筑面积13.2万平方米，投资估算9.6亿元。

三是配送升级类工程。推进新发地便民社区菜店项目。目前已建成200多家便民连锁菜店，进店果菜由新发地实行统一采购、配送、定价、结算，统一质量标准和运作管理。一是方便社区居民，二是实现价格便宜。

四是环境升级类工程。中轴路跨四环高架桥建设项目。可以使从东来进货和进完货往西去的车辆快速进入南四环快速路，大大缓解新发地桥交叉口、京开高速、马家楼桥的交通压力。跨京开高速二层交通平台体系建设项目。打通丰南路两端桥洞及沿东西方向道路拓宽，增加东西方向的道路通行能力，有效降低南四环的交通压力。六圈路东西两端铁路通道打通项目。打通丰南路两端桥洞及沿东西方向道路拓宽，增加东西方向的道路通行能力，有效降低南四环的交通压力。中轴路西侧下穿铁路道路打通项目。打通中轴路西侧下穿铁路道路，开辟一条专门服务于冷库物流区的货运为主的通道连接京良路，分担中轴路部分交通量，使地块与周边联系更加顺畅。

五是基地外扩类工程。550万亩农产品供应基地建设项目。为了整合全国农产品资源，丰富京城菜篮子品种，保障充足安全供应，新发地市场以收购、入股或托管等模式在全国优势产区已经建立了400万亩农产品供应基地，未来3–5年在海南、河北、甘肃、宁夏、内蒙古等地再建立150

万亩农产品供应基地，建立订单农业，形成产地直采、加工配送、社区直销的农产品供应链条。

六是市场外扩类工程。100家新发地环京市场建设项目。在北京市五环以外和河北省境内以及全国主要产地建市场，构建新发地环京农产品护城河，保证首都农产品安全稳定供应。目前，已在河北的涿州、定兴、高碑店，山西大同、内蒙古赤峰元宝山区、甘肃武威、山东招远、湖北襄阳、安徽蒙城等地建成13个分市场。

虽然新发地市场在疏解升级方面走在了其他市场的前面，但是对于解决批发市场商物分流这个最核心问题做得还不够好，没能把市场物流方面的业务全部剥离出去，只是把一些仓储设施转移到了外地，并没有真正做到商流物流的分离。

（二）合肥周谷堆农产品批发市场

合肥周谷堆大兴农产品国际物流园有限责任公司是周谷堆农产品批发市场股份有限公司的全资子公司。周谷堆农产品批发市场于1992年12月建成开业，经过23年的发展建设，从单一的水果交易发展成为集蔬菜、水果、水产品、畜禽肉类、粮油、禽蛋干调等交易为一体的综合型农产品批发市场，成为安徽省规模最大的农产品集散中心，是国家发改委、商务部、农业部重点支持的全国定点市场之一，也是安徽省和合肥市两级政府审定的带动农业产业化发展的龙头企业，并先后获得全国农产品批发市场行业“十强市场”“最具创新力市场”“全国诚信示范市场”“全国企业管理现代化创新成果一等奖”等诸多荣誉。农产品交易辐射周边城市乡镇半径400公里范围，是国家发改委、商务部、农业部重点支持的全国定点市场之一，场内农产品平均日成交量近1000万公斤、成交额近6000万元[①]。

以农为主，立足安徽，面向全国，合肥周谷堆农产品批发市场以本省特色农产品加外省调入品种形成品类丰富、价格平稳、交通便捷、服务周到、收费低廉等优势，使市场辐射范围不断扩大，并逐步形成了“买全国、卖全国”的流通局面，成为区域重要的农产品集散中心、价格形成中心、信息发布中心。作为踞皖之中的“大菜篮子”，合肥周谷堆农产品批发市场在推动农产品大流通，丰富城市农副产品供应等方面发挥着重要作

① 资料来源：合同周谷堆农产品批发市场官网信息及内部报告。

用。2002年市场经过资产重组，成为由合肥百货大楼集团股份有限公司控股、深圳农产品股份有限公司为第二大股东的股份制企业，发展步伐进一步加快。

2010年，在合肥市委市政府的高度重视及大力支持下，经过多方调研论证，周谷堆农产品批发市场选址于合肥瑶海区大兴镇，投资建设中国合肥农产品国际物流园（合肥周谷堆大兴项目），并注册资金1亿元，成立了合肥周谷堆大兴农产品国际物流园有限责任公司。

中国合肥农产品国际物流园总占地1262亩，净用地1000.35亩，总建筑面积110万平方米，总投资36亿元，分三期4年建成。建设内容包括蔬菜、水果、水产品、畜禽肉类、粮油、副食品、冷冻品、干果等交易中心和冷库仓储中心、加工配送中心等，同时建立配套的农产品信息系统、检验检测系统、质量安全可追溯体系等。项目全部建成运营后，预计将实现农产品年成交额500亿元，进入全国前三大市场行列，带动专业化生产基地2万个，生产农户100万户，满足2000万城镇人口农产品需求，带动20万人就业，年创利税2亿元。2014年场内农产品综合成交量299.5万吨，交易额185亿元，2015年实现综合成交量325万吨，交易额204.3亿元，物流园项目于2010年开工建设，截至2015年底已完成投资16亿元。目前物流园蔬菜、水果、水产、肉食、副食品及冷库交易中心均已建成，2015年6月，周谷堆市场完成了蔬菜、水果、水产、肉食、副食品等品类的整体搬迁，周谷堆大兴农产品国际物流园正式开业运营。在搬迁时虽然遇到了一些阻力，但是在市场方坚持不懈的努力之下，公平公正公开地对待每一位商户，终于消除了阻力，顺利地完成了搬迁工作。

肉菜流通追溯体系是由国家商务部发起组织实施，以实现肉菜商品来源可追溯、去向可查证、责任可追究的质量安全追溯链条，对于提高肉菜商品流通的组织化、信息化水平和质量安全保障能力，改善人民群众生活质量有重大意义。

作为全国第二批试点单位，周谷堆农产品批发市场通过精心组织、缜密筹备，分别于2013年5月2日及6月14日成功实现蔬菜、肉类流通追溯系统的成功上线，新系统上线意味着在一级批发市场环节，合肥市的肉菜流通追溯体系已基本建成。同时，创新热鲜肉交易模式，在全国率先实现无线网络手持终端交易，做到可移动交易，在提升管理水平的同时降低了运营成本，提高了工作效率，为全市肉类蔬菜流通追溯体系、零售节点追溯系统建设的顺利进行和拓展应用，奠定了坚实的基础。

从以上各大城市和农产品批发市场疏解升级的经验来看，有的批发市场是因为自身发展的需要而积极谋求疏解升级，主动性很强，积极响应国家号召，向现代化流通组织进行转化。而有些地方的批发市场则完全是被动地进行疏解升级，政府运用的行政手段就较多，如加大各种消防安全、税务稽核的检查力度，拆除违法建筑等。但是这种被动疏解容易造成一些疏解不到位，部分商户转战周边其他市场，达不到疏解目的的情况。从长远来看，政府应该少运用行政手段，而多运用市场手段，如通过优化物流系统来促进批发市场商流物流分离，减少商流物流合一带来的交通拥堵、人口聚集的问题；培育更具活力和人气的新市场来吸引商户转移；制定相应的优惠政策来引导批发市场疏解升级。只要政府的手段运用得当，一定能有效促进批发市场疏解升级，解决批发市场目前存在的诸多问题，有力推动中国流通产业现代化进程。

第三节　加快推进城市批发市场疏解升级的对策建议

一、城市批发市场疏解升级思路

对城市批发市场进行疏解升级方案的思路是：人口超负荷—功能过分聚集—部分要素成本没有得到合理体现—空间布局不合理（低端产业畸形发展），这突出表现在区域性批发市场集中，因此应该进一步规范管理。通过引导要素成本合理定价—引导产业疏解升级—合理布局发展空间—有效疏解人口。

对现存的批发市场按照科学的标准进行评估，在此基础上，以是否便利服务居民生活、提升市场运行效率，具体采取升级、搬迁、关闭等措施；疏解过境型物流，减少对城市交通形成的压力。完善交通方面基础设施的建设，加强交通管理，增加服务能力。实现梯度发展，以批发市场来引领周边卫星城的建设。进而推动要素成本合理定价，引导产业疏解，实现合理布局发展空间。

二、城市批发市场疏解升级步骤

城市批发市场的疏解升级，应考虑以市场导向为主，以行政手段调控为辅，以统一规划为依据，严格控制准备建设的项目，将现存市场进行疏解升级，通过政策设计改变微观主体的经济预期，逐步实现批发市场布局的优化调整与疏解转移。具体来说，要做好以下三点工作。

（一）充分做好前期的疏解升级准备工作

1. 摸底调查，了解情况

对批发市场要进行认真摸底调查，了解其现状，进一步分析应进行疏解还是原地升级。判断标准首先要看该批发市场是否符合城市总体规划、土地规划，产权是否清晰；能不能满足消防、安全生产等要求；商品消费人群是不是主要来自本城，这些都是基础要求；其次要进一步看该批发市场有没有采用现代交易方式（电子结算、电子交易系统等）和经营方式，能否做到商流物流分离；有没有物流配送服务机构，能否建立冷链物流配送体系等。如果不能满足基础条件的，则被列为疏解对象；而能满足基础条件但达不到进一步要求的，则应考虑能否在短时间内升级，如果不能，也应及时进行疏解。当然，有的市场，如农产品批发市场不同于其他产品的批发市场，还是要考虑其保障本地民生的作用，不可能像其他百货批发市场那样整体搬迁，而是应该在现有基础上做好分类疏解升级的工作。

如新发地市场的过境型物流问题就比较突出，目前新发地过境型物流中蔬菜约占20%左右，水果约占40%，虽然这有助于降低北京的蔬菜、水果价格，但是也给北京带来了较大的交通压力。因此对于新发地市场里商品主要来自于北京以外地区，通过市场又批发到北京以外地区的过境型批发市场，应坚决予以疏解，迁移到河北省交通便捷的城市，绕开北京，以免形成北京新的拥堵点。对一些低端蔬果以及仓储物流环节也应进一步进行疏解，升级交易方式，减少占地面积。由于新发地的进京方向主要来自北京南部方向，建议支持新发地在北京南部交通方便的地方建设物流园区，外迁现有的储存、冷库加工等功能，使其成为北菜南运和南菜北运的交换中心。

2. 媒体做好舆论宣传

向疏解工作所涉及的利益相关主体（包括产权方、市场管理方、商户、地方政府）全面介绍经济发展趋势、承接地批发市场的发展蓝图，相关的疏解安置优惠政策。及时报道和介绍各地批发市场的搬迁进度，获取各相关方面的对于政策的支持和理解。将舆论宣传工作贯彻到外迁的全过程当中，给予相关利益方足够的尊重和重视，并建立有效的沟通机制。具体的宣传媒介包括各种报社媒体，以及相关的网站，同时设置官方微信平台，加强与中央媒体的沟通，创建外迁升级工作良性的舆论环境。与此配合的工作是要及时反映商户、周边居民和相关利益主体的合理诉求，构建各方的沟通渠道和利益表达方式。工作的核心在于加大承接地市场的引力效应，使疏解各方能够相互配合，相互尊重，根本上降低疏解的成本和潜在的阻力。

（二）做好助力落实外迁实施工作

1. 做好政府各部门之间的有效协同

定期召开包括公安、城管、消防、交通、税收、商委、规划、工商管理部门，以及各区负责人的联席会议，共同服务于外迁工作，助力提高搬迁的效率，降低产业布局的阻力，落实相关责任制有序促进市场的外迁，并通过配套的措施为商户提供必要的公共服务措施，积极构建起跨省级区域合作的协调机制，统筹选择疏解地点。

2. 各方面加强沟通

听取管理方和商户的合理诉求，进行充分的沟通和协调，增强双方的信任和合作基础。针对商户的合理诉求，积极引导其到外地选择具有一定人气的市场，同时通过与承接地之间的共赢式合作，保障新市场在公共设施建设，如交通、教育、医疗等方面的配套建设工作。如北京批发市场疏解主要承接地应该是河北。目前河北计划承接北京批发市场的市场比较多，竞争也比较激烈，因此，河北省需要加大统筹力度，在省一级层面做好分工，提高资源配置效率，防止各地一拥而上，造成资源浪费。在这个过程中要注意的是一定在疏解之前就应将承接地的情况与商户沟通，不要出现信息不对称的情况，否则容易引起商户的抵触情绪。

3. 注意稳定推进

进一步细化疏解的指标并及时考核和反馈，将批发市场的疏解纳入对有关地区政府的考核内容。各地区要及时制定详细的疏解方案，定期召开工作调度会，上报批发市场搬迁的举措和进度，总结各种典型案例，成功的解决方案和需要汲取的经验教训。各区要上报现有批发市场存量情况，包括产权、面积、经营种类等。从产权隶属关系入手，依次是国有企业、集体企业兴办的批发市场，最后是民营企业兴办的批发市场。

（三）积极推进批发市场原地升级工作

1. 利益主体多方合作

首先是探索更合符合市场发展的多方合作关系，包括地方政府、市场产权方、市场管理方、商户等利益主体。前瞻性出台有利于构建多方共赢的合作机制和配套的法规，使原有的市场产权方、市场管理方在新建的市场中占有一定股份，形成利益共同体，增加疏解升级工作的吸引力。

2. 针对不同市场出台多种方案

将筛选出来的可保留市场根据社会经济发展的需求进行必要的升级改造，根据不同的批发市场具体情况，结合批发市场原地调整升级标准，选择其具体的调整升级方案。并通过业态的转营、市场园区的创新发展和示范带动，以及电子商务应用——物联网等推动市场的升级。如将部分批发市场转为零售，部分批发市场可以将仓储、物流等环节迁出，留下商贸、展示功能。也可以用以改善环境卫生条件、车位等公共服务，在保留了人气和品牌的同时，也可以缓解交通拥堵等日益严重的城市问题。批发市场的升级并不是简单的扩大规模、完善硬件，而是从市场和行业整合高度来运营市场，采用先进的管理思想，加强电子交易、物流、检测检疫、金融等方面综合服务能力。鼓励使用现代化交易方式，推行统一结算。将具有良好供销关系的批发市场主体实行“退市进楼”，发挥电子商务和现代物流在流通重构中的工具作用，以增强升级工作的“引力”效应。另外由于农产品批发市场主要收入来自于摊位租金，收入较低，难以实现健康发展，但又不能提高租金，以免引起物价波动，考虑到这个特点，应该进一步增强其公益性。现已有部分财政资金通过项目方式支持农产品批发市场项目建设，但力度不够，还应该增加对市场日常运转方面的财政支持。

3. 完善批发市场的管理制度和配套公共建设

完善对批发市场的规范工作，设置市场的准入及运行门槛，在消防、安全、物流、纳税、环境卫生等方面提高要求，要求相关管理服务部门加大检查频率和力度，严肃执法，依法管理。在涉及公共安全问题时，必要时可采取限制物流的措施，如在相关区域禁止货运车辆进入，或者至少限制其进入时间。严格仓储方面的整改，严厉打击居民区储存货物的措施，避免消防隐患。强化以公共利益为导向的批发市场评级管理，采取堵疏结合的方式取缔严重影响公共利益的批发市场。重点加强消防、治安和市场的环境建设，以及公共卫生安全管理工作，为商户提供便捷的公共服务环境；根据不同的市场进行分类指导，按照区域、功能等特点分别对市内批发市场分类管理，规范批发市场经营，完善以公共利益为导向的批发市场评级管理，加大对伪劣产品和不诚信经营行为的检查力度，净化批发市场环境；支持有条件的市场主体开设专卖店，将批发市场的商流和物流进行分化，批发和零售进行分离。支持有条件的批发市场转型为物流配送中心，纳入物流系统规划，更好地为周边居民提供物流服务，满足居民需求。

综上所述，在批发市场疏解升级的过程中，应以利益共享为纽带，经济、行政和法律手段并行，通过外拉内推和基础支持力三个方向的协同配合，充分有效落实疏解升级批发市场的总目标，实现政府与市场主体多方的共赢局面。正确把握疏解升级政策的实施节奏，有利于商户、产权方和相关部门有序配合，降低疏解升级政策的执行成本。确定疏解对象后，应该加快疏解进度，通过制定差别化的优惠政策，鼓励先行搬迁的商户。市场必须形成相当的规模之后才会有相应的效益。因此，在实施疏解升级工作时要注意节奏，否则会影响到商户和各相关利益主体的正常运行，加大不稳定的预期，进而会增加管理和疏解的成本。

三、促进批发市场疏解升级措施

在促进批发市场疏解升级过程中，可根据市场的实际情况，结合产业特点，借鉴国内外批发市场疏解升级的成功经验，采用各种疏解升级措施，走出一条适合本市场发展的升级之路。

（一）科学评价，引导疏解

批发市场由于种类繁多，情况各异，对其疏解升级不能实行“一刀切”，而应在了解实际情况的基础上，分情况来完成。可以对不同类的批发市场，按照不同的评价标准来打分。如广州市经贸委制定的专业批发市场转型升级评价标准（详见附录），分别为工业消费品专业市场和农副产品专业市场这两类不同的市场设置了评价标准。主要通过对批发市场总体情况、交易情况、服务情况、管理情况、成长性指标 5 个一级指标，市场合规情况、市场经营情况、展示交易功能、交易主体引进和培育、物流配送功能、增值服务功能、管理制度、社会效益等 13 个二级指标，以及 51 个三级指标进行打分，得到一个比较科学的评价结果，以此来决定对被评价市场进行疏解还是原地升级。农副产品专业市场与工业消费品专业市场的评价标准不同主要的是加分项不同，农副产品市场比较关注食品安全的问题，对是否绿色食品、有机食品、无公害食品提出了要求。

对于打分不合格且很难整改的批发市场，要态度坚决地予以疏解。不能让被疏解市场心存侥幸，耽误疏解进程。在疏解的过程中，最重要的是做好批发市场疏解后的安置工作，尽量帮助商户做好承接地的接收工作，包括选择合适的承接地，在市场刚起步时帮助培育市场；尽量引导批发市场整体疏解，以保持原有的市场吸引力；做到公平、公正、公开地安排合适的档口、店铺，注重和商户的信息沟通，尽量使商户的利益受损最小化；给予被疏解商户一定的优惠政策，只要做到了合理安排商户，就能够最大限度地减小疏解的阻力。甚至如果是承接地安排得当，还会让商户欢天喜地地迁入新市场。如广州市解放南商圈的疏解，就起到了非常好的示范效应，实现了市场与商户的双赢。

（二）改进三现模式，分离物流功能

对符合评价标准，保留下来的批发市场要进行原地升级改造，首先就要改变现有“三现”交易模式，向展贸模式、采购中心模式等升级，分离物流功能。

目前大多数专业批发市场仍处于初级发展模式，多数批发市场仍然采取传统的“三现（即‘现金、现货、现场’）”交易模式，市场方没有建立统一的资金结算平台，无法准确掌握场内商户具体成交额，不仅导致统计数据无法真实反映市场内经营状况，不能形成有用的大数据信息，对信息平台的建设造成阻碍，也造成了税收的流失。而且很多批发市场“前店后仓”的现象明显，进货和送货都集中在同一条道路上，由于周边道路小、商铺多，原来进货的货车只能停靠在大路上，商铺还要专门找人将货物搬至三轮车上，运至周边居民楼改造后而成的仓库外，再由搬运工用小推车搬运进仓库，送货的流程则是将上述步骤反过来，造成了交通拥堵。

现在部分批发市场已经逐渐认识到“商物合一”的弊端，尤其是位于繁华市中心的批发市场，开始将“三现”交易向展贸模式升级，将仓储、配送等物流功能从原市场剥离。如广州白云区松洲街辖内的绿博隆食品专业市场，就逐步走上了展贸式服务的路子，将原市场改造为展示平台，把仓储转移到离市场有一定距离的仓库，在那里统一收发货。基本实现了商流物流相分离。目前市场将商铺设立为展示区，为商户免费安装 POS 机，不具备申请 POS 机的商户，绿博隆还可提供代收款服务，大大减少了现金交易。采购商看货后要采购的，一个电话、一个订单即可通知仓库发货，逐步改变了“三现”交易模式。目前一德路海味干货市场的 50 余商家已经进驻绿博隆，在增槎路上形成了“一德路·国际食品交易中心”。

（三）发展配送功能，探索现代物流配送模式

对于那些不在市中心，但是处于交通便利地区的批发市场，则可以大力发展物流配送服务，向配送中心转型。市场配送环节是批发市场经营的重要组成部分。批发市场开展售后配送服务，既能为顾客提供方便，降低他们购买商品的成本，还可以创造就业机会、增加收入。高效率、低成本的物流服务是批发市场转型为物流中心吸引买卖双方入场交易的竞争优势。具体而言，配送对批发市场的影响体现在以下几个方面：一是高效的市场配送体系可以确保客户所需的货物能准时送达，提高顾客的满意度和市场的竞争力，有利于销售功能的强化和客户的保持。二是在批发市场中采用配货和送货为核心的配送方式来衔接供需关系，既可以实现市场库存的集中，从而降低市场商品的总备用存量，又有利于将顾客的小批量货物需求集中起来，确保送货车辆的满载率，实现货物运输的规模效应，从而减少商品积压，降低成本，提高末端物流的经济效益。三是现代物流是流

通现代化商、物分流的产物，物流信息系统、共同配送、仓储、运输、流通加工的全面引入将大大降低现代批发市场的商品流通成本、提升流通效率、增加企业利润。四是现代物流服务的引入，有利于批发市场通过资本运营收购、兼并、重组，扩大企业规模，通过资源优化重组，形成以批发市场为核心的供应链网络，从而增强批发市场的整体竞争力。五是在批发市场中，通过降低成本、扩大销售的方式获取利润随着竞争的日益激烈而越来越困难，提高市场流通体系的配送效率、改变配送方式、增强配送的技术含量就成为大幅度增加利润的有效途径。

如广州白云区江南果蔬批发市场是华南地区著名的生鲜专业市场，位于广州市白云区增槎路926号，占地面积40万平方米，主要从事蔬菜和水果产品的批发经营。市场2015年果菜交易量51.07亿公斤，交易额达到248.18亿元，每天成交量达1399.17万公斤，果菜交易量占广州市80%，进口水果交易量占全国进口水果交易量过半份额。江南果蔬批发市场拥有符合消防条件的仓库和统一收发货平台，面积达上万平方米，有专业的叉车和保安服务，其仓储条件受到了商户的青睐，店面租金也低，且交易中心地处多个高速路入口、交通便利，搬运人工、时间和费用都大大节省。为了发展配送业务，江南果蔬批发市场在江高镇构建起“中央大厨房”，这个项目专门为超市、机关、酒店等餐饮单位提供蔬菜、水果、粮油、肉蛋和水产品等配送服务。市场内配备有约2000台三轮车为市场提供场内物流服务，避免场内交通拥挤的问题。市场引入经销、代理、加工等经营，大力开展加工配送业务，通过办分市场和连锁经营，实行总经销、总代理等形式来丰富市场经营模式。较好地实现了批发市场和物流配送中心的结合。

（四）引入电商为批发市场注入新活力

随着电子商务的快速发展，给传统商品交易市场带来机遇也带来挑战。利用电子商务交易模式，实现网上交易，可以有效地延伸交易半径，扩大交易商圈，加速交易过程，降低交易成本。电子商务是未来商业的发展方向，批发市场应该积极应用网络资源，开展网上交易，将原来单一的有形的市场变成为有形商品市场和无形的信息市场相结合的新型现代化市场。

要引领不同类型的专业市场发展电子商务，接轨现代物流。对辐射力强的集散型大型批发市场，引导市场利用现货市场的优势，创办网上市场，建立网上商铺，实现与现货交易并行的电子商务模式；对产品标准化程度高、品种单一的市场，引导采用会员制，发展网上交易，配套建立信息系统、交易系统、结算系统、第三方物流配送系统等较为完善的电子商务模式；对有条件的生产资料专业批发市场，鼓励开展大宗商品网上现货交易，在化工、有色金属等领域建成一批以商品交易为核心、现代物流为支撑、金融及信息等配套服务为保障的大宗商品现货交易电子商务平台；对一般的专业批发市场，引导建立网上信息平台，充分发挥信息流的功能，带动商流、物流的电子化。

现在很多批发市场都看到了电子商务带来的商机，纷纷引入电子商务，为商户搭建网络交易平台，使线上线下、实体店和网店、有形市场和无形市场有机地结合起来，带动了市场的发展。如江南果蔬批发市场就积极探索发展无形市场，成立了易江南贸易公司，整合为一家电子商务配送水果、蔬菜等农产品的企业。“E 食无忧”就是该公司专业用于发展电子商务的网站。采购者无须到市场，只要轻轻点击鼠标，就可以完成交易，等待送货上门。易江南曾在广州亚运会和深圳大运会中担任水果蔬菜指定供应商，目前服务对象包括各机团单位、学校、宾馆、酒楼食肆、超市、住宅社区的居民。

现在谋求电商市场的批发市场越来越多，考虑通过升级行业电子商务平台来推进专业批发市场转型的已涉及多个行业，如白云皮具城“白云世界贸易网”、临安物流货运信息服务交易平台、湛隆汽配市场“配易通”和广物汽贸“车唯网”等。

（五）产城结合，培育品牌

批发市场在较长的一段时间里，仅关注交易功能，不注重品牌效应，使批发市场渐渐成为低档的代名词，不能满足城市居民日益增长的消费需求。现在很多批发市场已开始认识到这个问题，借升级改造之机，结合产业，培育自己的品牌，尤其是服装批发市场走在了前面。

服装批发市场和成功的品牌具有密切关系。中国的服装产业集群目前比较知名的有杭州四季青服装市场与杭派女装产业集群、石狮服装城与闽派男装产业集群、广州白马服装城与粤派服装产业集群、叠石桥家纺城与南通家纺产业集群、绍兴轻纺城与柯桥轻纺产业集群等。这五大产业集群背后联系着3000家以上的优秀纺织企业和服饰品牌，也联系着相应的知名批发市场。

一般来说，成功的服装品牌应具备以下几个要素：强大的自主研发能力，必须拥有一批专业设计师队伍为品牌持续创新；稳定的生产加工能力，自己拥有工厂或与相关服装厂家建立起稳定的生产加工关系，产品生产及质量有保证；成熟的销售渠道，建立起全国性及区域性批发代理、零售渠道，积极探索电子商务等新的渠道资源；完善的营销体系，无论是营业员培训及管理、客户服务、店面装修陈列、促销活动、还是订货会、产品画册等各类宣传物料，均有一套规范的管理体系；广泛的品牌认知度及美誉度，善于利用媒体及行业资源传播品牌。1993年开业的虎门富民服装城，素有“中国乡镇第一号时装批发商”的美誉，2010年被中纺联流通分会授予“中国服装品牌孵化基地”称号，如今已经有以纯、松鹰、依米奴等一批知名服装品牌脱颖而出。即墨服装批发市场在长江以北具有巨大影响力，即墨市的针织服装服饰企业已经近3000家，其中不乏即发、红领、红妮、雪达等国内外知名品牌。

青岛国际服装产业城也是走上产城结合道路的典型代表，按照“工商同步化、产城一体化”的产城综合体模式，青岛国际服装产业城主要规划建设三大组团。其中，生产组团占地1200亩，计划引进1000家研产型生产企业，形成产业链集聚效应；经营性配套组团占地400亩，建设设备设施交易中心、原材料交易中心、成品交易中心、专业会展中心等配套设施；生活组团占地400亩，主要建设入驻企业员工的居住生活区。青岛国际服装产业城一期工程为占地285亩的示范区，2014年9月12日开始陆续投入运营。包括袋鼠、马克希蒙、左驰、古华东文等知名品牌在内的140余家企业将陆续入驻园区。项目全部建成运营后，将成为特色鲜明的时尚品牌聚集地和时尚产业集聚区。

现在已有不少批发市场走上品牌化建设之路，积累了不少的经验。类似的专业批发市场在进行升级时，可以进行借鉴。总之，积极树立专业市场品牌意识，充分重视专业市场品牌化发展，应该是未来部分专业批发市场的发展方向。

（六）走批发市场与城市商业结合之路

批发市场经常因为市场环境差，经营商品档次低，而被视为中低收入人群的消费场所，也被认为是低端业态，与快速发展的城市形象相去甚远。批发市场要摆脱这种形象，就必须加速进行市场升级改造，向大型超市、商贸中心等集交易、餐饮、休闲为一体的大型城市经济综合体转型。

如即墨服装市场的变迁，就折射出传统批发市场转型升级的轨迹。即墨服装市场起步于20世纪80年代初期，历经四次迁建，现已发展成为单体面积最大的现代化服装批发市场之一，综合实力和竞争力稳居全国十大服装市场第三位，是全市市场商贸业的发展龙头和二、三产业的孵化器。即墨服装市场除了对原有服装市场升级外，还实施了结合现代产业体系建设和特色精品城市建设两大战略，确立了规划建设中国即墨国际商贸城的发展目标。

2013年以来，为优化提升市场的设施配套和经营档次，即墨市场建设服务中心启动了总投资约5亿元的即墨市服装市场改造升级工程，市场内部商铺布局调整，促进了市场的布局优化和环境改善。市场建造后使市场总建筑面积由原来的27.5万平方米扩大到36.5万平方米。市场通过与意大利手工业联合总会合作，组织30多家意大利企业开设了意大利时尚馆，总经营面积2000余平方米，主要经营意大利本土100%原产特色产品，有效提升了服装市场的经营档次和国际化水平。升级后的即墨服装市场不仅批发业务更广泛，也是市民服装消费的重要场所。即墨小商品新城，位于服装市场南侧，在新一轮市场升级中，小商品新城总投资15亿元，通过批发市场与城市商业的相互结合，打造新型第五代小商品展贸平台，实现“南义乌、北即墨”的发展目标。小商品新城正在与巴西、阿根廷、日本等国家的相关组织联系对接，并初步就引进经营其特色商品达成原厂直供意向。升级后的小商品新城不仅成为重要的商品集散地，也是市民休闲的好去处。

（七）商贸与物流联动发展

除了批发市场自身的升级转型外，与当地物流公司携手发展商贸业务，也是一条推动批发市场快速发展的可行之路。如山东临沂批发市场位于山东省临沂市兰山区，是我国最早创办的专业批发市场之一和全国最大的商品集散地之一。现有服装、化工、建材、五金等各类专业批发市场101处。商品主要来源于浙江、江苏、福建、河北及山东各地市，主要销往安徽、河南及山东。现在从业人员约有30万，经营品种6万多个，2014年市场交易额2600多亿。在2009年11月24日，在中国商业联合会主办的中国市场大会暨中国商品市场30年成就展览会上，山东临沂、浙江义乌等5地市荣获“中国市场名城”称号。临沂成为山东唯一获此殊荣的城市。凭借四通八达的立体交通网络，临沂赢得“物流之都”的美誉，形成了以金兰物流、天源物流、立晨物流、华派克物流为代表的四家规模较大的物流基地。2011年8月10日，中国交通运输协会正式授予山东省临沂市“中国物流之都”称号，2014年，临沂实现物流总额超过4000亿。临沂的物流具有货物周转快、物流价格低、辐射范围广的优势，基本实现当日收货、当日配货、当日发货，600公里以内次日到达，1500公里以内隔日到达，1500公里以外3~7日到达；运输价格低，货物周转速度快，压缩了等货、装卸、仓储等成本，降低了物流配送价格，拥有国内配载线路2000多条，覆盖全国所有县级以上城市，通达全国所有港口和口岸，日均发送货物20多万吨，物流价格比全国价格平均低20%~30%。临沂批发市场还积极到外地扩张，例如到阜阳开了临沂商城。临沂建成物流之都的有利交通条件是处于京沪高速公路的中间地段，到北京上海的距离差不多，此外利用本身批发市场的辐射优势，促进了物流的发展。

（八）打造智慧化批发市场

在当今，信息化发展已经历三个阶段，即从数字化到网络化再到智慧化。由于物联网的出现，使物体与物体在网络中互联互通，根据需求将感知信息进行加工建立智慧系统，实现智慧化应用。智慧化是信息新技术的集成应用，主要应用物联网技术、云计算技术、智慧终端技术、大数据技术等新技术，其中大数据技术是基石，成为智慧之源。现在已经进入大数据时代，数据中蕴藏着巨大的资源和财富。批发市场也应抓住这个时代发展的机遇，将传统的业态升级改造，用全新的思维打造智慧化批发市场。

如计划总投资约150亿元的星泓天贸城就准备打造成互联网、大数据、大物流、大仓储驱动下的大型智慧商贸新城。星泓天贸城的核心在于其特有的智慧商贸平台，包括智能化管理、物流和金融。除了传统的O2O

线上线下对接，天贸城的商户还可通过银行等金融渠道，借助天贸城的大平台更便捷融资。天贸城除在城市的中心区投建线下产业结合的交易平台之外，还会构建天贸城智能仓储物流基地，成为天贸城的专属配套。天贸城智慧商贸系统，将结合经营户每月出货量、存货量、未来市场需求量等因素精确计算出经营者所需要的物流仓储面积，因需制宜，有效降低经营户运营成本，使企业利益最大化。星泓天贸城依托主流电商、龙头网络等世界级新经济大品牌，提供智慧商贸运营平台的软件、硬件供应。未来消费者可以随时随地通过电脑、手机等互联网终端设备逛星泓天贸城，这相当于为经营户搭建起“网店＋实体店”双店运营的全新商业平台。

这种升级是对批发市场传统思路的一种颠覆，使批发市场发生脱胎换骨般的变化，但是这种思路顺应了时代的变化和需要，也许会成为未来批发市场的发展方向。

综上所述，城市批发市场可选择的疏解升级方向有很多，既可以选择某一方向专向发展，也可以多方向综合发展。这完全可以根据批发市场自身的条件、周围的环境、未来发展的战略方向来进行选择。当批发市场逐步升级改造为能够适应现代化生产和消费方式的新型流通组织后，前面还会有更广阔的发展空间。

总结与展望

随着近几年城市经济的快速发展，城市规模不断扩大，造成很多大城市“城市病”严重，各地政府纷纷制定出台了主城区专业批发市场外迁的规划，尤其是北京，已经将疏解非首都功能作为了政府工作的重要任务。批发市场虽然曾经为城市经济社会发展提供了良好的基础支撑，但现有批发市场的模式、格局和机制，已经不再适合城市的发展，加之近年来电子商务的迅速发展，很大程度改变了城市居民传统的消费习惯，批发市场的疏解升级已成为一种趋势，而这也成为国内大中型城市优化城市物流系统、推动城市可持续发展的一种重要途径和手段。基于这一背景，本书对城市批发市场的转型升级进行了较为系统深入的研究，对采用新型商业模式，服务延伸到物流领域的批发市场进行了重点分析，着重探讨了转型升级后该类新型批发市场的物流成本控制和管理问题，城市物流系统优化的方向和具体措施以及促进批发市场疏解升级的对策。

首先，通过对批发市场发展历程和北京、广州批发市场现状进行回顾和梳理，分析了两座代表性大城市的批发市场现状、结构和特点。从内因与外因两方面分析了批发市场疏解升级的必要性。其中外因主要是城市快速发展带来的人口、交通和环境压力逼迫批发市场必须疏解升级，内因则是电子商务的快速发展对传统批发业态形成了巨大的挑战和威胁，迫使批发市场不得不转型升级，为自身发展寻求新的出路。而由于批发市场在物流系统中发挥着重要的作用，无论其选择疏解还是升级都会造成物流节点的缺失，导致一方面物流供给不足，另一方面又有大量新的物流需求产生，从而为物流系统的优化带来了契机。

其次，以京津冀协同发展下的北京物流系统为例，提出了通过建立以区域性物流园区、专业化物流中心、城市公共配送中心和城市末端物流配送网点为节点，以信息化和物联网技术为支撑的现代物流服务系统来优化现有物流系统的建议。具体包括以下三方面：第一，选择在能开展多式联运的地区建设物流园区，作为第一层级的物流节点，建设时要有一定的长远规划，要特别注重物流信息平台的搭建，采用各种先进的物流技术，将其打造成智慧化的物流园区；第二，根据京津冀各地的特点选择建设第二层级的专业物流中心，通过修建通畅的交通路线和建立智慧化仓储管理系统，支持物流业的快速发展；第三，构建二级城市物流配送系统来完善北京城市物流配送体系。在北京六环路附近打造环北京城市物流配送中心圈，利用快递网点、超市（商场）等商业设施等作为城市末端物流配送网点，采用共同配送等先进的配送方式，解决物流最后一公里的问题。经过优化后的物流系统会更加高效地运转，可以促使城市批发市场商流物流进一步分离，加快批发市场疏解升级的步伐。

第三，重点分析了采用创新商业模式、服务延伸到物流领域的批发市场的物流成本控制和管理问题。笔者认为，批发市场的疏解升级会对物流成本带来如下影响：当市场疏解到远离市中心的区域时，一般来说人工成本会降低，场地建设或租金以及外埠运输成本等也会相应地降低，但是配送成本可能会升高，综合影响之下，物流成本究竟是升高还是降低，要看具体情况而定。如果疏解后物流成本大幅下降，将会有效地促使持观望态度的批发市场加快疏解升级的步伐；如果疏解后物流成本上升，则政府需要采用其他手段，如制定优惠政策等来帮助这类批发市场降本增效。但不管物流成本因为疏解如何变化，批发市场作为一个涉及物流成本的流通企业，首先要通过加强自身的物流成本管理降低成本，其次要会借助政策激励，合理利用优惠政策来达到降低物流成本的目的。

最后，本书通过对韩国东大门市场，以及国内其他先行试验的城市批发市场疏解升级的经验介绍与借鉴，提出了批发市场疏解升级的思路、详细步骤，并从八个方面为如何促进批发市场疏解升级及升级方向提出了相应的建议。笔者认为在推动批发市场疏解升级过程中，政府处于极其重要的位置，从合理规划批发市场的布局、推进物流系统的优化，到引导批发市场向符合城市发展的方向转型升级，相关政策制定得合理与否，是否执行到位都会对批发市场的疏解升级产生重大影响。批发市场在我国已经发展了很长一段时间，从我国现有“小生产、大流通”的国情来看，批发市场还会在相当长的一段时间内继续存在。因此对批发市场的疏解升级不能一蹴而就，而是要渐进式地推进，通过物流系统的优化分离批发市场的物流，让批发市场能将更多的精力放在商流、信息流方面，减小体量，增长效益。或是引导疏解出去兼营物流业务的批发市场加强物流成本管理，降本增效，从而寻找到新的利润增长点，促使批发市场自身谋求转型升级。在这个过程中，政府应少用行政手段，而多使用市场手段来推进批发市场的疏解升级。相信经过多方努力，我国的城市批发市场一定能顺利完成疏解升级，重新形成一个能适应城市发展的、健康和良好运转的批发市场体系。

综上，本书从优化物流系统和成本管理的视角，对批发市场的疏解升级进行了研究，给出了若干具有可操作性的建议，如给出了批发市场转移升级的判断条件，可以此为依据确定具体批发市场的去留和发展方向；提出了优化物流系统的框架性思路，对物流节点选址提供了具体建议，等等。然而，由于批发市场的转型升级尚在进行之中，缺乏成熟案例和一手数据，因此整体研究偏于宏观视角，有些问题还有待后续进一步的深入研究。譬如：如何收集到有用的物流信息？如何利用物流信息化平台管理物流活动，推进物流系统高效运转？物流成本的控制能否有新的办法？政府的配套政策是否落地？是否发挥了相应的扶持作用等，这些都将是笔者今后的研究方向。

参考文献

[1] 潘裕娟，曹小曙．批发业空间及其形成机制研究综述［J］．人文地理，2014（1）：15-19.

[2] 石忆邵．中国市场群落发展机制［J］．地理学报，2002（3）：354-362.

[3] 潘裕娟，曹小曙．广州批发市场的供应物流空间格局及其形成机制［J］，地理学报，2012(2)：179-188.

[4] 洪涛．我国小商品批发市场面临的挑战和发展趋势［J］．中国流通经济，2000(1)：25-28.

[5] 于伟，杨帅，郭敏，宋金平．功能疏解背景下北京商业郊区化研究［J］．地理研究，2012（1）：123-135.

[6] 张远，关于城市中心区批发市场布局调整的思考［J］．中国流通经济，2013（9）：105-109.

[7] 何黎明．2012 年我国物流业发展回顾与 2013 年展望［J］．物流技术与应用，2013（3）：50-54.

[8] 温卫娟，邬跃．北京市物流现状、特点分析及问题挖掘［J］，物流技术，2015(34)：26-28.

[9] 邬跃，杨洋．区域物流节点空间布局研究［J］，物流技术，2015（34）：169-172.

[10] 秦璐，刘凯．城市物流空间结构演化机理研究［J］，中国流通经济，2011（6）：30-35.

[11] 潘裕娟，曹小曙．广州批发市场的销售物流网络空间研究——基于基本—非基本经济活动视角［J］，人文地理，2012（1）：92-97.

[12] 李明芳，薛景梅．京津冀轴辐式区域物流网络构建与对策［J］，中国流通经济，2015（1）：106-111.

[13] 张可云，董静媚．首尔疏解策略及其对北京疏解非首都功能的启示［J］，中国流通经济，2015（11）：64-71.

[14] 韩增林，郭建科．现代物流业影响城市空间结构机理分析［J］．地理与地理信息科学，2006（4）：61-65.

[15] GB/T18354—2001，物流术语［S］．中国物资流通，2001.

[16] 丁靖．中小城市大型综合批发市场的规划分析［J］．中国商贸．2011（12）：177—

178.
[17] 黄浩.新型商品批发市场发展趋势及业态模式[J].商业研究.2015(9)：28-33.
[18] 国家统计局.中国统计年鉴(2015)[M].北京：中国统计出版社，2015：2-25.
[19] 许海晏，张军.北京农产品批发市场疏解升级问题研究[J].2016(13)：215-217.
[20] 北京现代物流研究基地，北京物流——现状与趋势[M].北京大学出版社，2013.
[21] 张立.北京物流基地发展研究[D].北京：北京工业大学，2009.
[22] 莫菁洁，王晓东.关于区域中心城市物流节点空间布局规划的思考[J].商业经济，2010(3)：32-33.
[23] 王爽.京津冀一体化背景下区域物流集群发展的竞合分析[J]，中国流通经济，2015(1)：112-117.
[24] 吴文征.物流园区网络协同研究[D].北京：北京交通大学，2012.
[25] 史锦梅.京津冀物流产业协同发展思路及对策[J]，中国流通经济，2015(11)：72-77.
[26] 卢云帆.物流园区信息平台建设研究[D].武汉理工大学，2006.
[27] 温卫娟，邬跃，李石柱.京津冀协同背景下的北京物流系统重构[J]，中国流通经济，2016(6)：46-51.
[28] 北京市交通委员会.北京市"十三五"时期交通发展建设规划[Z].2016.7.4
[29] 商务部办公厅.关于智慧物流配送体系建设实施方案的通知[Z].2015.7.17
[30] 交通运输部等七部门.关于加强和改进城市配送管理工作的意见(交运发〔2013〕138号)[Z].2013.2.28
[31] 北京市商务委员会，北京市发展和改革委员会.北京"十三五"物流发展规划(京商务综字〔2016〕3号)[Z].2016.6.13
[32] 温卫娟，邬跃.我国城市配送形势分析及发展策略[J].中国流通经济，2014(9)：43-48.
[33] 商务部.关于促进商贸物流发展的实施意见(商流通函[2014]790号)[Z].2014.9.22
[34] 李静宇.城市配送的"堵"与"疏"——城市配送问题调查[J].中国储运，2014(8)：45-47.
[35] 张琦.北京市现代物流中心构建及发展策略研究[J]，中国流通经济，2011(11)：46-49.
[36] 张琳，吴文娟.标准化对物流成本的作用机制及实证研究[J]，生产力研究，2013(6)：134-136.
[37] 王之泰.流通成本及物流成本问题探讨[J]，中国流通经济，2013(5)：12-15.
[38] 江成城.基于物流服务中心的物流成本划分[J]，会计之友，2010(1)：66-68.
[39] 云虹，姜丽莎.基于灰色关联分析法的企业逆向物流成本分析[J]，经济问题，

2010（4）：62-64.

［40］周三元．产品回收物流成本——收益分析［J］，中国流通经济，2012（11）：49-52.

［41］李慧．线性回归预测与控制在物流作业成本法中的应用［J］，重庆交通学院学报，2004（6）：115-117.

［42］孙朝苑．企业物流成本管理的理论与方法研究［D］，西南交通大学，2005(02)：34-36.

［43］罗彪，王琼．基于ABC与标准成本的全过程物流成本控制系统［J］，情报杂志，2010（5）：152-155.

［44］邵瑞庆．关于物流企业物流成本核算方法的探讨［J］，交通财会，2006（6）：4-17.

［45］黄福员，聂瑞华．非线性规划多目标优化物流成本随机模型的研究［J］，华南师范大学学报（自然科学版），2003（3）：54-59.

［46］顾煜．物流成本层次性分析与优化途径探析［J］，中国流通经济，2005（11）：16-19（10）：31-33.

［47］苗娟．供应链管理在物流成本管理中的应用［J］，山西财经大学学报，2010（11）：215-216.

［48］谢天保，巨莹．基于改进遗传算法的供应链物流成本优化模型研究［J］，科技管理研究，2011（6）：221-223.

［49］黄炎波，张汉江．物流成本控制的系统方式［J］，系统工程，2004（22）：52-54.

［50］蔡进．降低物流成本是降低流通成本的核心［J］，中国流通经济，2012（12）：8-9.

［51］王小玲，李华军．企业物流成本控制研究［J］，物流科技，2005（3）：45-47.

［52］刘高常．利用模糊分析法控制企业物流成本［J］，统计与决策，2005（11）：145-146.

［53］赵芹．基于信息技术的现代企业物流成本管理研究［J］，生产力研究，2011（3）：188-189.

［54］陈正林．企业物流成本生成机理及其控制途径——神龙公司物流成本控制案例研究［J］．管理评论，2011（2）：66-71.

［55］桂良军．供应链成本管理理论基础和方法研究［J］．会计研究，2005（4）：51-95.

［56］黄湘民，刘大成，周杨方．国外物流成本研究前沿及进展——一个文献综述［J］．商业研究，2006（23）：203~209.

［57］吕君．基于环境价值链的CLSC逆向物流作业成本核算［J］．统计与决策，2010（24）：41-43.

[58] 刘江．基于作业成本法的企业物流成本控制研究 [J]．贵州大学学报，2011.（6）：114–120.
[59] 宋华．企业物流成本核算与管理体系优化 [J]．商业时代，2007（6）：15–17.
[60] 宋华．基于供应链流程的物流成本核算与管理 [J]．中国人民大学学报，2005（3）：114–120.
[61] 宋华．中国企业物流业务外包的调查与分析 [J]．当代财经，2007（3）：61–66.
[62] 宋华．第三方物流服务对客户物流成本影响的实证研究 [J]．商业经济与管理，2007(2)：9–16.
[63] 宋华，刘林艳，李文青．企业国际化、供应链管理实践与企业绩效关系．贵州大学学报，2011（10）：142–151.
[64] 宋华．物流成本管理体系及其效率——一个实证研究 [J]．经济管理，2007（5）：61–65.
[65] 宋华，王岚．中国企业物流成本管理现状与发展 [J]．中国人民大学学报，2009（4）：89–96.
[66] 帅斌，孙朝苑．一类企业物流成本核算的 M–A 模型 [J]．财经科学，2006（5）：114–119.
[67] 史继花 杨晓峰．第四方物流参与下的物流成本优化和收益分配问题研究 [J]．物流技术，2013（12）：196–198.
[68] 王辛平．物流成本管理模式构建探究 [J]．中国流通经济，2009（12）：61–65.
[69] 杨头平，刘志学．基于作业成本法的一个库存成本控制模型 [J]．工业工程与管理，2008（4）：62–67.
[70] 殷俊明，王跃堂．供应链成本控制：价值引擎与方法集成 [J]．会计研究，2010（4）：65–73.
[71] HensRunhaar，Rob van der Heijden，Public policy intervention in freight transport costs：effects on Printed media logistics in the Netherlands [J]，Transport Policy，12 (2005) 35–46.
[72] 莫鸿，陈圻，刘豫，中国物流业发展中的体制性障碍因素调查 [J]，统计研究，2008（8）：35–39.
[73] 张毅，刘维奇，李景峰，中国物流上市公司成本效率的收敛性 [J]，财经研究，2011（9）：59–69.
[74] 张宝友，达庆利，黄祖庆，企业核心业务与绩效相关性研究 [J]，统计研究，2008（4）：33–39.
[75] 宋则，常东亮，中国物流成本前沿问题考察报告（上）[J]，财贸经济，2005（7）：42–47.
[76] 吴爱东，制度创新：发展中国现代物流产业的突破口 [J]，中国流通经济，2009（11）：18–21.

[77] 李箭飞，王蒙 . 旧城中心区服装批发市场的空间结构特征及规划策略——以韩国首尔东大门批发市场为例［J］. 规划师，2015，12：130–135.

[78] 夏春玉，中国物流政策体系：缺失与构建［J］，财贸经济，2004（8）：45–50.

[79] 刘正毓，日本现代物流业发展对我国的启示［J］，物流工程与管理，2009（8），107–109.

[80] 冯耕中，李雪燕，汪寿阳 . 物流成本管理［M］. 北京：中国人民大学出版社，2014：42–45.

[81] 范云兵 . 城市配送模式探索［J］. 中国物流与采购，2014，05：38–39.

[82] 北京现代物流研究基地 . 北京物流—现状与趋势［M］. 北京：北京大学出版社，2013：42.

[83] 刘生华 . 物流企业成本高企成因及应对策略［J］. 中国流通经济，2012，07：38–42.

[84] 欧开培，肖怡 . 中国批发市场的困境与出路［M］. 北京：中央编译出版社，2007：26–28，155–160.

[85] 庚建设，沈奎，郭志勇，涂成林，陈浩钿，李文新 .2014 年中国广州经济形势分析与预测［M］. 北京：社会科学文献出版社，2014：251–257.

[86] 刘秉镰等，中国物流学研究现状分析、热点探视及趋势展望［J］，中国流通经济，2011（11）：41–45.

[87] 李海燕 . 基于物联网技术的农产品冷链物流园区信息平台研究［J］. 物流技术，2014，02:102–104.

[88] 游五洋 . 5 个观点看批发市场的产业终局是什么 [EB/OL]. http://www.ebrun.com/20160719/183536.shtml.2016–07–19.

附录1　广州市人民政府关于推动专业批发市场转型升级的实施意见

穗府〔2014〕7号

广州市人民政府关于推动专业批发市场转型升级的实施意见

各区、县级市人民政府，市政府各部门、各直属机构：

根据市委、市政府建设国家中心城市，“走新型城市化道路，率先转型升级、建设幸福广州”的总体要求，以“12338”战略部署和核心任务为指导，贯彻落实《中共广州市委广州市人民政府关于建设国际商贸中心的实施意见》（穗字〔2012〕11号），依照“市区联动、属地管理，试点推进、典型示范，规范提升、整合转型”的原则，推动我市专业批发市场转型升级，特制定本实施意见。

一、工作思路

以科学发展观为指导，紧紧围绕广州加快建设国家中心城市，打造国际商贸中心的目标，以专业化、国际化、现代化为导向，采取原地转型、关闭搬迁、业态转营和规划调整等方式，积极整合市场资源、提升服务功能、加强产业对接，实施传统专业批发市场升级改造，建设现代展贸交易平台。

二、工作目标

以规范提升存量市场、禁止中心城区新开办增量市场为主要任务。

2014 年，中心城区（包括越秀区、海珠区、荔湾区、天河区、白云区）各区选择 1 个具备转型升级条件的专业批发市场进行重点突破，再培育创建 2—3 家省级国际采购中心，加大电子商务应用力度和公共配套设施建设，推动商流物流分离，打造一批内外贸结合的专业市场，提升市场发展层次和服务水平。

到 2016 年，按照广州市专业市场转型升级评价办法，全市 60 家市场实现转型升级，形成空间布局合理、国际化和现代化水平大幅提高的现代批发市场体系。

三、工作任务

（一）积极推进试点市场原地转型升级。抓好中心城区重点区域试点专业批发市场的转型升级，提升市场交易、信息化应用、产业联动、展示与国际化经营功能及物流服务水平，引导向现代展贸交易中心发展。

1. 按照市场转型升级评价标准，对行业影响力大、辐射范围广的市场，升级硬件设施，引进现代交易方式，提升服务功能（牵头单位：各区、县级市政府，配合单位：市经贸委、发展改革委、交委、工商局）。

2. 对率先实施升级改造且符合“三旧”改造标图建库范围的批发市场（群）优先纳入“三旧”改造项目范畴，优先解决项目用地，对有关的规划建筑指标给予支持，支持现代展贸市场（群）建设（牵头单位：各区、县级市政府，配合单位：市“三旧”改造办、规划局、国土房管局、经贸委）。

3. 引导市场推广应用总代理、总经销、远期合约、拍卖制、竞买制、电子交易等新型批发交易方式，推动场内经营业户向公司化发展，提高专业化、组织化水平（牵头单位：各区、县级市政府，配合单位：市经贸委、发展改革委、科技和信息化局）。

（二）着力实施专业市场业态转营。推动符合条件的传统专业批发市场推广应用电子商务、现代分销方式等向购物中心、商业街等业态转变。

1. 以现代分销方式应用为手段，积极引进知名品牌总经销、总代理企业，引入跨国公司和外地企业设立常驻采购分销机构，引导企业进入国际连锁采购分销网络，向国际营销方式转变，积极培育内外贸结合专业市场（牵头单位：各区、县级市政府，配合单位：市外经贸局、经贸委、工商局）。

2. 引导市场加强与国际采购机构、跨国企业和相关行业协会的战略合作，与国际采购商建立长期稳定的合作关系，构建和延伸国际市场营销网络，拓展国际市场发展空间（牵头单位：各区、县级市政府，配合单位：市经贸委、外经贸局、工商局）。

3. 完善塑料、浆纸、钢材等大宗商品交易中心的物流配送、金融服务、研发设计等功能，推广互联网与物联网互动结合技术运用，构筑先进交易平台和服务系统，打造国际一流的商品采购中心（牵头单位：各区、县级市政府，配合单位：市经贸委、交委、金融办、科技和信息化局、外经贸局）。

（三）以规划调整促进市场转型升级。选取符合规划调整条件的市场（群）为试点，推进规划调整建设，打造彰显行业特色、发展水平更高、竞争力更强的标志性展贸市场集聚区。

1. 按照《广州市产业物流发展规划（2010–2020年）》要求，结合“三规合一”的成果，对符合规划调整条件的专业批发市场（群），制定规划调整计划，出台实施细则和配套措施（牵头单位：各区、县级市政府，配合单位：市规划局、国土房管局）。

2. 对符合规划调整条件的批发市场（群），结合“三旧”改造政策，在项目建设用地、相关规划建筑指标等方面予以支持，支持现代展贸市场建设（牵头单位：各区、县级市政府，配合单位：市“三旧”改造办、规划局、国土房管局）。

3. 建设市场园区统一的信息中心和交易中心，推进实现网上支付、订单管理、物流配送、统一结算等全程电子商务服务，提升园区商品交易、展示的功能及效率，扩大辐射影响力（牵头单位：各区、县级市政府，配合单位：市科技和信息化局、经贸委、地税局、国税局）。

（四）以低端市场搬迁关闭促进转型升级。以中心城区部分低端批发市场为试点，结合城市建设拆迁、市政路网建设、交通管制和消防安全整改等，对低端市场依法关闭或实施搬迁。

1. 梳理出用地不符合规划要求，特别是处于交通阻塞点的市场，及所有临建类市场（含市场中的临时建筑物），提出处理意见，各区、县级市将市场有关信息予以公布（牵头单位：各区、县级市政府，市规划局，配合单位：市工商局、城管执法局、国土房管局、交委）。

2. 加强规划和消防执法管理，对不符合规划或消防规范要求的市场，限期进行整改，整改后仍不达标的，依法关闭清理（牵头单位：各区、县级市政府，市城管执法局、规划局、公安消防局依职能分别牵头负责，配合单位：市工商局、国资委）。

（五）以专业市场园区创新发展示范带动转型升级。推进园区“四个统一”建设，推动单体批发市场转型升级以及市场园区向展贸中心提升改造。

1. 推动存量市场园区的整体规划提升，打造市场园区品牌；改善物流、金融、信息等公共配套设施和服务，建立专业批发市场公共物流服务区。远期将物流从专业批发市场和市场园区中分离（牵头单位：各区、县级市政府，配合单位：市规划局、经贸委、交委）。

2. 推动专业批发市场园区成立管委会或负责实体运营的管理公司，建立园区统一的管理服务平台，形成市场管理中枢和完善的园区化长效管理机制（牵头单位：各区、县级市政府，配合单位：市规划局、工商局）。

（六）以电子商务应用助推转型升级。提升电子商务特别是电子交易功能，完善仓储、装卸、货运代理、商检、电子票据、电子交税等全方位配套服务。

1. 按照广州市《关于加快电子商务发展的实施方案（试行）》，推广应用物流信息技术，推进专业批发市场物流外包仓储服务区规划建设，加快市场商流物流分离（牵头单位：各区、县级市政府，配合单位：市经贸委、交委）。

2. 以皮革皮具、茶叶、鞋服等优势行业的龙头市场为依托，推动建立集信息发布、价格指导、在线交易、资源统一配置等支撑辅助功能为一体的行业性电子商务平台（牵头单位：各区、县级市政府，配合单位：市经贸委、科技和信息化局）。

3. 鼓励专业批发市场利用电子商务开展网上贸易，鼓励定位合理、运作规范的行业门户网站发挥集约优势，建成行业性电子商务公共服务平台，整合相关网络资源（牵头单位：市经贸委，配合单位：市科技和信息化局、外经贸局，各区、县级市政府）。

（七）以规范整治倒逼转型升级。

1. 严格落实《广州市房屋租赁管理规定》，加强对专业批发市场周边出租屋的管理和整治，全面清理生产、经营、仓储场所违规住人问题，中心城区的公有住房要发挥带头作用，一律不得出租作为专业批发市场的仓库与经营场所，坚决查处非法“住改商”、“住改仓”等行为，杜绝消防安全隐患（牵头单位：各区、县级市政府，配合单位：市国土房管局、流动人员出租屋管理办、公安局、规划局、城管执法局）。

2. 推进市场监管体系建设，针对重点地区和重点领域的重点市场，落实市场监管责任制和责任追究制度，明确市场开办者为“三打”工作及食品安全工作第一责任人，建立健全市场监管机制（牵头单位：市工商局，配合单位：市发展改革委、知识产权局、质监局、食品药品监管局、食安办，各区、县级市政府）。

3. 强化专业批发市场的交通整顿，对各专业批发市场附近“五类车”交通违法和机动车非法营运行为聚集地开展集中整治行动，优化市场周边环境（牵头单位：市公安局交警支队、市交委，配合单位：市城管执法局、残联，各区、县级市政府）。加强对市场周边各类车辆，特别是“五类车”交通违法行为的整治力度（市公安局交警支队牵头负责），加强对车辆非法营运行为的监管查处力度（市交委牵头负责）。

（八）以招商对接带动转型升级。

1. 发挥会展业优势促进转型升级。举办系列大型招商推介会，吸引国内外知名投资商进驻我市新建的各大展贸中心（园区）；发展“网上交易会”，引导市场实现电子招商招展、网上参展参会，拓展海内外市场（牵头单位：市经贸委，配合单位：市规划局、国土房管局、外经贸局，有关区政府）。

2. 推动存量传统市场与新建展贸市场对接。举办新建展贸中心（承接方）和中心城区传统批发市场（迁移方）对接会，引导中心城区内市场分期分批搬迁到广州国际商品展贸城等批发市场优先发展区发展（牵头单位：市经贸委，配合单位：市交委、建委、国土房管局、规划局，有关区政府）。

（九）以商流物流分离推进转型升级。

1. 结合城市交通系统改善工作，加快中心城区货运站场的调整和清理，进一步优化全市货运站场布局，在现有货运站场中选择若干区位条件好、符合用地规划的地块用于建设仓储物流园区，推动市场商流、物流有序分离（牵头单位：各区、县级市政府，配合单位：市规划局、交委、经贸委、国土房管局、公安局交警支队）。

2. 加强展贸市场与物流园区对接。举办展贸中心和专业物流园区对接会，对于原地升级改造市场，引导其物流分离到专业物流园区发展，试点建立专业车队规范物流配送，减少市场物流对城市交通、环境和消防隐患等影响（牵头单位：市经贸委、交委，配合单位：市国资委、公安局交警支队、公安消防局，各区、县级市政府）。

四、工作要求

（一）切实加强组织领导。建立由市、区分管领导任召集人的市、区（县级市）两级专业批发市场转型升级联席会议制度，联席会议办公室设在市、区（县级市）经贸部门，协调统筹推动专业批发市场转型升级（牵头单位：市经贸委、各区、县级市政府，配合单位：市发展改革委、建委、交委、工商局、公安局、城管执法局、财政局、外经贸局、国土房管局、规划局、国资委、“三旧”改造办、农业局、林业和园林局、地税局、国税局）。

（二）制定全市专业批发市场及汽车货运场布局规划。按照广州市“123”城市发展战略和功能区规划要求，编制全市专业批发市场布局规划（牵头单位：市经贸委，配合单位：市规划局、交委、国土房管局、工商局、公安局交警支队、财政局，各区、县级市政府），编制全市汽车货运场布局规划（牵头单位：市交委，配合单位：市规划局、经贸委、国土房管局、工商局、公安局交警支队、财政局，各区、县级市政府），各区、县级市按照全市规划布局制定相关细化内容。在中心城区以外交通便利的区域规划选址 2—3 个规模大、业态新的展贸市场园区；加强与清远市的产业协作，探索在清远规划选址建设 1 个专业市场园区（牵头单位：市规划局，配合单位：市经贸委、交委、国土房管局、工商局、公安局交警支队、财政局，各区、县级市政府）。

（三）提高增量市场的准入门槛。建立由区、县级市相关职能部门组成的联合工作机制，实行“一票否决制”，中心城区严禁新建及开办以现场、现货、现金交易为主的传统批发市场，市有关部门将涉及市场开办等管理事权下放至区、县级市政府（牵头单位：各区、县级市政府，配合单位：市发展改革委、规划局、环保局、公安局、工商局、交委、国土房管局）。

（四）加大市场转型升级资金扶持。市、区进一步加强政策、资金等支持，连续 3 年在市战略性主导产业发展资金中对转型升级的重点市场项目予以扶持，充分利用各类财政资金的引导带动作用，市、区同步配套资金支持市场转型升级（牵头单位：市经贸委，配合单位：市财政局、发展改革委、地税局、国税局，各区、县级市政府）。

（五）支持市场用地按规划开发利用。充分利用省、市“三旧”改造政策，以“结构升级、节约集约”为导向，推动现有市场到外围城区（批发市场优先发展区）异地新建或转营，促进市场发展用地“二次开发”（牵头单位：各区、县级市政府，配合单位：市规划局、国土房管局、“三旧”改造办）。

（六）加强批发市场及优先发展区的公共配套建设。对重点批发市场及批发市场优先发展区，与项目建设同期开展相配套的路网和轨道交通设施建设，提高项目的交通便利性（牵头单位：市建委、交委、规划局，配合单位：市发展改革委、公安局交警支队，各区、县级市政府）。

（七）加强检查评估。市专业批发市场转型升级联席会议定期对市场转型升级工作情况进行监督检查和评估，对本实施意见中各项工作任务的完成情况进行通报与督办（牵头单位：市经贸委，配合单位：市发展改革委、建委、交委、工商局、公安局、财政局、国土房管局、规划局、农业局、科技和信息化局、林业和园林局、地税局、国税局）。

广州市人民政府
2014 年 2 月 21 日
广州市人民政府办公厅秘书处　2014 年 2 月 27 日印发

附录 2　郑州市人民政府关于加快推进中心城区市场外迁工作的实施意见

郑州市人民政府关于加快推进中心城区市场外迁工作的实施意见

各县（市、区）人民政府，市人民政府各部门，各有关单位：

为加快推进中心城区市场外迁工作，优化商品交易批发市场集聚区布局，规范市场经营秩序，完善市场管理体系，促进商品交易批发市场与郑州都市区建设协调发展，特制订本实施意见：

一、指导思想

以科学发展观为指导，以打造“在国际上有影响力、在国内有辐射力、对国内外资源有整合力”的现代化市场体系为目标，以缓解城区交通压力、拓展城市发展空间、改善市场经营环境为目的，按照“统筹规划、科学布局、产城融合、集聚发展”的方针，采取“政府主导、部门联动、社会参与、合力推进”的方法，调整优化布局，整合市场资源，加快外迁步伐，通过 4 年的努力，完成中心城区商品交易批发市场外迁工作，带动仓储物流业向环城高速外侧搬迁，从而在组团与组团之间，打造新的商品交易市场集聚区，促进“两核六城十组团”建设，推动郑州都市区快速健康发展。

二、总体目标

按照站位“在全国找坐标、在中部求超越、在河南挑大梁”的要求，在 2015 年底以前，完成中心城区 177 家商品交易批发市场的外迁。通过资源整合，集聚发展，把农产品、汽车及汽车后市场、建材家具、钢材、电子产品、纺织服装、小商品七类核心业态，打造成全国性的行业龙头市场；打造年交易额超百亿元的集散型商品交易批发市场10家，使其进入全国批发业500强；到2015年，力争使我市商品交易批发市场年交易额超过2800亿元，成为全国商品交易批发市场“十强市”，基本形成较为合理的商品专业市场集聚发展格局。从而使专业市场的发展与市政规划、城市建设相结合，与6个旧城改造片区相衔接，与道路交通、环保要求相适应，建成布局合理、运作高效、管理先进的现代化商品交易市场体系。

三、外迁原则

（一）坚持政府主导、市场化运作的原则。各级政府要立足实际，加强指导，制定支持中心城区市场外迁的配套政策，进而整合市场资源，加快中心城区市场外迁步伐。市场开办者要识大体、顾大局，按照市场规律办事，逐步建立和完善市场开发建设新机制。

（二）坚持市区联动、以区为主的原则。中心城区市场外迁工作要以市委市政府统一部署和各区合力推进的方式，层层落实责任。各区政府作为中心城区市场外迁的主体，要按照中心城区市场外迁规划，制定市场外迁行动计划，采取强有力的措施，有计划、有步骤地推进中心城区市场外迁工作。

（三）坚持集中布局、集聚发展的原则。站位打造全国性商贸物流中心城市的要求，重点研究功能分区、核心业态、项目策划和功能配套的关系，编制市场外迁规划，对商品交易批发市场进行全面整合，提高市场集中度，加快形成市场集聚区，进而拓宽市场发展空间，促其不断做强做大，培育在全国和一定区域内具有影响力和辐射力的龙头市场。

（四）坚持规划引领、先建后迁的原则。规划部门要围绕中心城区市场外迁方案，抓紧制定市场外迁规划，以规划带动搬迁整体工作。各县（市、区）根据规划，通过招商引资的方式，尽快确定市场开发主体，加快承接市场建设，解决外迁市场“落地难”的问题。

四、工作任务

（一）明确外迁、提升市场范围。凡在三环以内及商都路两侧的商品批发交易市场和具有批发功能的农贸市场，符合下列条件的，均列入外迁范围：

（1）严重影响城市交通和居民生活环境的；

（2）城市规划区内因受地域空间限制，经济效益差，环境污染大，配套设施不齐全并且提升改造困难的；

（3）消防安全不合格，存在消防安全隐患的；

（4）不符合城市整体发展规划的商品批发交易市场及配套的仓储物流。

（二）认真调查摸底，制定外迁方案。由中心城区市场外迁工作领导小组办公室牵头负责，在摸清我市商品交易批发市场基本状况的基础上，深入了解中心城区市场的数量、类别、外迁意愿以及对交通影响情况，理清外迁市场数量，预排搬迁时限，按照先易后难、分步实施的原则，结合六个旧城改造片区规划，制定切实可行的市场外迁方案，确保整个外迁工作有序开展。

（三）围绕科学布局，编制外迁规划。通过对中心城区现有市场业态分析，结合郑州都市区建设的特点和定位，通过实施中心城区市场外迁，调整优化布局，整合市场资源，规划并着力打造约 54 平方公里的“一区两翼”。

“一区”即交易批发市场综合集聚区，就是以华南城项目开发为核心，北起绕城高速、东至京港澳高速、西到郑新快速路的区域内，规划市场用地 30 平方公里，作为中心城区市场外迁的主要承接地，主要布局食品、药品、服装、钢材、建材等生活消费品市场和工业生产资料市场。同时，依托优势资源，打造超大型现代商贸物流城和黄帝文化综合体。

“两翼”即东翼和西翼，就是在中牟汽车产业园规划 3.2 平方公里，布局汽车及汽车后市场，在金水国际软件园和富士康电子产品交易市场规划 2.8 平方公里，作为市场集聚区的东翼；在环城高速西侧，北起古荥、向南至航海路延长线，规划市场用地 18 平方公里。主要布局家具、农产品、工程机械等批发市场，作为市场集聚区的西翼。

市市场发展局、市规划局要科学编制《郑州市中心城区市场外迁规划》（以下简称《规划》），用《规划》指导专业市场的合理布局和有序外迁。

（四）按照产业集聚、产城融合的要求，打造十大市场集聚区。通过资源整合，集聚发展，加快七大核心业态市场建设步伐，努力把十大市场集聚区打造成全国性或区域性的商品集散中心、加工交易中心和价格形成中心。一是在荥阳市广武镇规划10000亩市场用地，招引全国农产品批发十强企业，打造全国最大的农产品市场集聚区。二是在中牟汽车产业园规划4800亩，招引在全国具有影响力的汽车物流企业，打造汽车及汽车后市场集聚区，通过整合整车市场、零部件市场、汽车4S店，进行集中布局，力争使该集聚区年交易额达到300亿元，成为全国最大的汽车市场。三是在新郑市龙湖镇规划1.5万亩，招引全国知名企业，打造建材市场集聚区，作为建材批发市场外迁的主要承接地，使其交易额达到300亿元，成为全国最大的建材市场集聚区。四是在管城回族区机场高速以西、南四环以南规划用地1800亩，对现有钢材市场及仓储物流进行搬迁整合，打造钢材市场集聚区，使交易额达到300亿元以上，成为中西部地区钢材集散中心。五是打造在全球具有影响力的、拥有定价权的综合电子产品交易展示中心。在中州大道以东、连霍高速以北，规划1200亩市场物流用地，对电子科技产品加工装配、仓储物流进行外迁，打造对中部具有影响力、辐射力的金水国际软件园。在郑州新郑综合保税区（郑州航空港区）规划3000亩市场用地，建设富士康电子产品交易市场，主要承接电子科技产品批发市场外迁。六是把华南城作为中心城区市场外迁的主要承接地。该项目规划总占地面积1.5万亩，总投资650亿元，建成后将成为中部地区最具规模效应的现代综合商贸物流城，为中西部地区提供集成式、全链条采购平台。七是在中原区西四环以西规划2700亩，由香港金马凯旋集团投资300亿元，打造集“生产、销售、培训、研发、博览、服务为一体”的家具CBD，建成后将成为中部家具产业最强、最大的产业链。八是在二七区南四环以南、绕城高速公路辅道以北，规划用地6400亩，由北京金源百荣集团投资200亿元，打造郑州CSD国际时尚商贸中心，同时，在该区域布局义乌国际小商品城等小商品和鞋帽类批发市场，打造中西部地区最大的小商品集散地。九是在新密市曲梁规划3000亩市场用地，主要布局服装类批发市场，打造在全国具有影响力，对中西部具有辐射力的服装类批发市场集聚区。十是以郑州服装产业园为依托，以锦艺纺织服装园为核心，规划2700亩市场用地，主要布局纺织布匹类市场。

（五）扎实开展中心城区市场外迁试点工作。2012 年，重点抓好批发市场外迁试点工作。研究出台针对性强的支持政策，解决市场外迁中遇到的问题。同时，选择条件成熟的市场开展外迁试点，为全面外迁做好准备，积累经验。

（六）严格市场准入、退出机制。对列入外迁规划的批发市场，要按照外迁方案进行搬迁。规划部门结合 6 个旧城改造片区规划，对搬迁后腾出的市场用地进行修规，规划建设与群众生活密切相关的零售和休闲服务业综合体。将火车站商圈的服装、小商品类和东风路电子科技类市场升级转型为商品展示零售和电子化交易市场，批发功能和仓储物流全部外迁。四环以内除规划的公益性农贸市场等，原则上不再新建商品交易批发市场和仓储物流项目。确需新建的，提交市中心城区市场外迁工作领导小组研究确定。

（七）积极做好市场搬迁和承接工作。要按照中心城区市场外迁方案要求，加快“一区两翼”和十大市场集聚区建设步伐，引导中心城区大中型市场经营户组团搬迁，鼓励同一业态联合重组、集聚发展。各集聚区所在县（市、区）要按照“互惠互利、合作共赢”的原则，积极创造条件，支持市场外迁工作，要制定相应的优惠政策，充分吸纳外迁市场业主和经营户尽快入驻。

五、实施步骤

（一）启动搬迁阶段（2012 年）。在对中心城区市场进行调查摸底基础上，制定工作方案、配套政策和实施意见，召开动员大会，启动市场外迁工作。尽快编制外迁市场空间布局规划，落实土地指标，为市场外迁提供土地政策支撑。选择条件成熟的市场开展外迁试点，为全面实施市场外迁做好准备。同时，启动华南城一期、金马凯旋家具 CBD、中牟汽车及汽车后市场、金水国际软件园、钢材市场集聚区、义乌国际小商品城、锦艺纺织服装园、郑州 CSD 国际时尚商贸中心等重点市场建设项目。

（二）重点搬迁阶段（2013—2014 年）。该阶段需要迁建的市场有 57 个，其中，二七区 10 个，管城回族区 25 个，中原区 4 个，惠济区 1 个，金水区 15 个，郑东新区 2 个。其中，东部汽车产业园重点承接汽车及汽车后市场外迁；金水区国际软件园和富士康电子产品批发市场重点承接电子科技类市场外迁；南部市场集聚区主要承接药品、食品、钢材、服装鞋帽类等市场外迁；西部市场集聚区重点承接小商品、家具等市场外迁。该阶段同时对以火车站商圈的服装类和以东风路为核心的电子类等43家商品批发市场进行改造提升，向产品展示和电子化交易发展。

（三）全面搬迁阶段（2015年）。该阶段需要迁建的市场有77个，其中二七区16个，管城区8个，中原区6个，惠济区3个，金水区13个，郑东新区3个，商都路两侧28个。其中，南部市场集聚区主要承接工业生产资料、生活消费品市场外迁；西部市场集聚区重点承接机械机电、农产品、文化用品等市场外迁。

六、工作机制

（一）加强领导，理顺管理体制。各相关县（市、区），市政府有关部门要高度重视市场外迁工作，把此项工作提上重要议事日程。市政府成立中心城区市场外迁工作领导小组（以下简称领导小组），负责中心城区市场外迁的规划、整合、指导和协调工作，研究决定中心城区市场外迁过程中的重大问题。领导小组下设办公室，办公室设在市市场发展局，负责领导小组日常事务。

各相关县（市、区）、管委会也要成立相应的组织机构，全面负责辖区内的市场外迁和市场建设承接工作。

（二）建立健全运行机制。一是各区在全面调查摸清辖区内市场基本情况的基础上，制定上报今年的市场外迁行动计划和市场外迁工作实施方案。二是领导小组成立评审组，按照市场外迁工作方案，对各区上报的市场外迁方案进行评审，并批复各区组织实施。三是市规划局、国土资源局与有关县（市、区）搞好无缝对接，尽快落实外迁市场承接区域，并完善相关手续，解决外迁市场“落地难”的问题。四是市市场发展投资公司要积极参与市场外迁工作和市场建设项目运作，加快市场集聚区建设步伐，引导中心城区市场向集聚区转移。

（三）建立完善督导落实机制。一是确立联席会议机制。领导小组每月召开工作会议，听取阶段性工作汇报，研究解决市场外迁和承接工作中涉及的重大问题。领导小组办公室每周召开会议，掌握工作进度，协调解决市场外迁工作中涉及到的具体问题和相关事宜。二是建立重点、难点问题协调机制。对于市场外迁和承接过程中涉及的重大问题或跨地区、跨部门的具体问题，要及时上报领导小组协调解决。三是建立周报和通报机制。领导小组成员单位每周将市场外迁工作进展情况上报领导小组办公室，由办公室汇总整理，每周通报。四是建立考核机制。各成员单位要将市场外迁工作纳入年度目标考核，确保工作落实。五是建立工作激励机制。市场外迁涉及面广、工作任务重、时间要求紧，各级要建立目标考核机制和工作激励机制，确保专项工作经费、工作考核奖励经费落实到位。

七、政策支持

（一）对纳入市场外迁计划、并积极开展外迁工作的建设项目，列入市政府年度重点建设项目进行联审联批。市发展改革委、规划局、国土资源局等相关职能部门，对项目建设的审批要给予积极支持。

（二）市政府每年在预算内安排 1 亿元，作为中心城区市场外迁引导资金。有关县（市、区）要对市财政专项资金给予 1 ∶ 1 配套，对按期完成市场建设并搬迁开业的，根据项目建筑面积、投资额及工程进度情况，对市场开办方进行资金奖补（具体奖补办法另行制定）。

（三）参照《郑州市人民政府关于进一步加快产业集聚区发展的意见》（郑政［2010］24 号）有关规定，对入驻市场集聚区项目形成的土地出让总价款在上缴市财政后，扣除按照国家和省、市有关政策规定应上交和必须提取的相关资金后，形成的土地出让金净收益，市级留成 4 0 %，余额部分返还所在市场集聚区，用于基础设施建设。

（四）对外迁市场所需交纳的城市基础设施配套费减半征收。

（五）对于大型综合市场集聚区，市政府将在交通及供水、供电、供暖、供气、绿化等公共设施方面予以支持。

（六）市政府各有关部门要认真落实市政府的各项政策措施，密切配合，协调联动，形成合力，确保中心城区市场外迁工作的扎实推进。

郑州市人民政府

2012 年 6 月 11 日

附录3 广州市工业消费品专业市场评价体系打分表

广州市工业消费品专业市场评价体系打分表

广州市工业消费品专业市场评价体系

市场名称：　　　　　　　　　　　　　　市场地址：

一级指标	二级指标	三级指标	指标分值	得分	说明
总体情况（15分）	市场合规情况（5分）	符合国家的产业政策	1		
		符合城市总体规划、土地利用总体规划和市区商业网点规划	3		符合广州市城市总体规划（1分）、土地利用总体规划（1分）、商业网点规划（1分）
		符合环保节能、消防的有关要求	1		
	区位交通情况（2分）	市场区位	1		市场新城了相应的商业氛围；服务配套成熟，辐射区位优势明显
		市场交通配套情况	1		运用轨道交通及多条公交线路对接交通规划，保持周边交通顺畅
	市场经营情况（8分）	产业基础	1		市场的主打商品属于发展基础好、比较优势强的产业
		同类市场地位	1		在全国、全省、全市同类市场中排名前列的（1分），其他为0分
		国际采购的比例情况	1		国际采购份额超过交易额的20%的（1分），其余为0分
		获得各种荣誉称号的情况	1		获得国家、广东省、广州市奖项的（1分），其余为0分
		成长性和可持续发展能力	1		市场处于上升期，有较好的发展前景
		年成交额	3		年成交额20亿以上（3分）；5——20亿（2分）；5亿以下（1分）；

续表

一级指标	二级指标	三级指标	指标分值	得分	说明
交易系统（25分）	展示交易功能（15分）	专业交易区	2		按商品类别，划行归市，设置各类专业性的交易区；
		中央展示区	3		提供商品展示、展会采购和信息发布等功能
		企业办公区	2		为市场商户提供环境优良的办公楼（间）
		现代交易方式	2		具备委托制、拍卖制、仓单交易、网上交易等现代交易方式
		具备统一结算功能	2		采用统一结算模式，开设统一的结算账户，对结算资金实行统一管理
		网上交易平台（系统）	2		开展网上收集客户信息、洽谈签约、下单、结算等业务
		定期发布商品价格指数	2		制订统一的价格信息采集、汇总和指数编制的技术规范，科学预测价格走势，提出分析结论和建议，必要时提供市场价格预警信息
	交易主体引进和培育（10分）	现代经营方式	2		供应商采用总经销、总代理、佣金代理等现代经营方式，且以公司注册的供应商占40%以上（2分），其他为1分
		市场进驻的名优商品	3		包括中国名牌产品、驰名商标，广东省名牌产品、著名商标等
		管理体系认证	3		市场内的供应商通过国际质量（1分）、环保管理体系认证（1分）、其他认证（1分）
		市场对外合作	1		市场开办者与采购机构、跨国企业或相关行业协会进行战略合作情况
		定期举办的活动	1		市场开办者定期主办或参与的展会、采购论坛、研讨会等
服务系统（30分）	物流配送功能（11分）	公共物流服务区	3		市场外部建有或内部有过渡性的公共物流服务区，包括公共仓储区、卸载配载区、分拣包装区、停车区等。外部物流的3分，场内过渡区的1分
		中转性物流节点	2		设置中转性市场货物配送中心、货运代办点等
		物流配送服务机构	2		市场内外建有或者对接应用较完整的物流配送系统，引入第三方物流服务机构

续表

一级指标	二级指标	三级指标	指标分值	得分	说明
		规范市场物流业务活动	2		有明确的站场装卸操作规程（1分）；合理设置站场车辆行驶路线（1分）
		物流信息系统	2		构建或对接应用物流信息系统，推广条形码和GPS（全球定位系统）、RFID（射频标签系统）等物流技术
	公共信息服务平台（7分）	网络接入情况	3		配备标准机房、服务器、显示器等硬件设施（1分）；
					将宽带或光纤直接引入市场管理部门和每一经营户（1分）；
					建立业务应用门户网站，设立独立的互联网顶级域名（1分）
		行业信息发布中心	2		建立经营企业与产品信息的动态数据库，并不断及时更新（1分）；
					安装大型电子广告显示屏，提供信息发布、公示、查询服务（1分）
		公共服务网站	2		开展网上发布商品信息、网上营销活动等非支付型电子商务
	增值服务功能	金融服务功能	2		与金融机构合作，为市场交易者提供金融支持和交易安全保障
		检验检测功能	2		自建质量检验检测中心或引入第三方检测机构对进场商品进行质量检测，配备开展相关业务必须地快速检测设备和相关试验辅助设施设备
		研发设计功能	2		自建、委托或合作建设研发设计机构、创意中心或品牌孵化中心
		营销推广功能	2		自建或引进的具备整合营销功能的专业机构
		国际贸易功能	2		报关报检、进出口退税结汇、国际信用保险、国际物流等服务
		其他服务功能	2		包括会展、金融、咨询、法律、人才培训等

续表

<table>
<tr><th>一级指标</th><th>二级指标</th><th>三级指标</th><th>指标分值</th><th>得分</th><th>说明</th></tr>
<tr><td rowspan="25">管理系统（25分）</td><td rowspan="11">管理制度（14分）</td><td>企业管理制度</td><td>3</td><td></td><td>有完善的经营管理制度（1分）、财务管理制度（1分）、人力资源管理制度（1分）</td></tr>
<tr><td>管理信息系统</td><td>2</td><td></td><td>建设有 ERP 或其他管理信息系统</td></tr>
<tr><td rowspan="6">交易服务管理</td><td rowspan="6">6</td><td rowspan="6"></td><td>建立投诉管理制度。设立专门的投诉机构（1分）；</td></tr>
<tr><td>建立公平交易和结算收费管理制度（1分）；</td></tr>
<tr><td>建立设施设备检修和维护制度（1分）；</td></tr>
<tr><td>建立仓储和装卸管理制度，对装卸实行集中、规范管理（1分）；</td></tr>
<tr><td>建立消防安全、检查和监督制度（1分）；</td></tr>
<tr><td>建立治安安全管理制度（1分）</td></tr>
<tr><td>市场品牌培育机制</td><td>2</td><td></td><td>根据市场实际，制定和实施品牌战略，开展市场宣传和品牌推广活动</td></tr>
<tr><td>应急管理制度</td><td>1</td><td></td><td>制定紧急事故处理与应急预案等</td></tr>
<tr><td rowspan="6">商户管理（6分）</td><td>经销商准入管理制度</td><td>1</td><td></td><td>有经销商管理责任部门和经销商准入管理制度</td></tr>
<tr><td rowspan="2">合同式管理</td><td rowspan="2">2</td><td rowspan="2"></td><td>签订场地租赁和经营管理协议（1分）；</td></tr>
<tr><td>签订消防、安全、诚信经营、环卫和环境保护等责任协议（1分）</td></tr>
<tr><td rowspan="2">商户清退制度</td><td rowspan="2">2</td><td rowspan="2"></td><td>建立市场内经营商户的不良记录登记档案（1分）；</td></tr>
<tr><td>建立商户违规处理和清退制度（1分）</td></tr>
<tr><td>台账制度</td><td>1</td><td></td><td>督促经营商户建立进出货台账，并定期进行检查</td></tr>
<tr><td rowspan="5">品质量管理（5分）</td><td>商品准入制度</td><td>1</td><td></td><td>设立商品管理责任部门，建立商品准入制度，并形成制度文件</td></tr>
<tr><td rowspan="2">商品质量保证制度</td><td rowspan="2">2</td><td rowspan="2"></td><td>所售商品在生产许可证、产品质量合格证、商标使用授权书、质量检测报告等方面的情况（1分）；</td></tr>
<tr><td>建立商品质量购销查验登记制度（1分）</td></tr>
<tr><td rowspan="2">商品清退制度</td><td rowspan="2">2</td><td rowspan="2"></td><td>建立商品质量抽检制度并保留抽检记录（1分）</td></tr>
<tr><td>建立质量安全不合格商品市场清退制度，并形成制度文件（1分）</td></tr>
</table>

续表

一级指标	二级指标	三级指标	指标分值	得分	说明
成长性指标（5分）	经营业绩和社会效益		3		近三年的交易额年增长速度50%以上，社会效益显著（3分）；近三年的交易额年增长速度30%以上，具有良好社会效益（2分）；近三年的交易额年增长速度15%以上，具有一定的社会效益（1分）
	市场管理制度执行情况		2		
加分项	列入省、市等政府或部门规划情况		3		非常好地得到贯彻执行（2分） 得以贯彻执行（1分）
总计			100（3）		

说明：

1. 当年发生火灾、重大商品质量事故、重大价格欺诈事故、重大环保事故、伤亡事故的工业消费品专业市场一票否决。

2. 记分方法，总得分 =Σ（每项三级指标得分）。

3. 总得分超过75分（含）以上可列入转型升级成功的展贸型市场推荐名单。

4. 总得分超过85分（含）以上可列入国际采购中心的推荐名单。

附录 4　广州市农副产品批发市场评价体系打分表

广州市农副产品批发市场评价体系打分表

广州市农副产品批发市场评价体系

市场名称：　　　　　　　　　　　　市场地址：

<table>
<tr><th>一级指标</th><th>二级指标</th><th>三级指标</th><th>指标分值</th><th>得分</th><th>说明</th></tr>
<tr><td rowspan="8">总体情况（13分）</td><td rowspan="3">市场合规情况（5分）</td><td>符合国家的产业政策法规</td><td>1</td><td></td><td></td></tr>
<tr><td>符合城市总体规划、土地利用总体规划和市、区商业网点规划</td><td>3</td><td></td><td>符合城市总体规划（1分）、土地利用总体规（1分）、商业网点规划（1分）</td></tr>
<tr><td>符合环境保护和市容环境卫生的要求</td><td>1</td><td></td><td></td></tr>
<tr><td rowspan="2">区位交通情况（2分）</td><td>市场区位</td><td>1</td><td></td><td>市场形成了相应的商业氛围；服务配套成熟，辐射区位优势明显</td></tr>
<tr><td>市场交通配套情况</td><td>1</td><td></td><td>适用轨道交通及多条公交线路对接交通规划，保持周边交通顺畅</td></tr>
<tr><td rowspan="3">市场经营情况（6分）</td><td>市场地位</td><td>2</td><td></td><td>在全国、全省、全市同类市场中排名前列的（2分），其他为1分</td></tr>
<tr><td>获得各种荣誉称号的情况</td><td>2</td><td></td><td>获得国家、广东省、广州市奖项的（2分），其余为0分</td></tr>
<tr><td>年成交额</td><td>2</td><td></td><td>年成交额20亿以上（2分）；5—10亿（1分）</td></tr>
<tr><td>交易系统（29分）</td><td>展示交易功能（20分）</td><td>展示区的总体情况</td><td>1</td><td></td><td>整体布局合理、商品陈设展示清晰</td></tr>
</table>

续表

一级指标	二级指标	三级指标	指标分值	得分	说明
交易系统（29分）	展示交易功能（20分）	商品分区管理	4		按农产品大类、保鲜和卫生要求进行分区，同类型商品应在同一交易区内经营：蔬果、肉类、水产品、粮食、副食品和花卉等分区经营（1分）；冷冻农产品和非冷冻农产品分区经营（1分）；生鲜农产品和熟食品分区经营（1分）；有包装食品和无包装食品分区经营（1分）
		保鲜贮存区情况	9		有以下相关交易业务的批发市场，没有达到该项业务要求的扣分；没有相关交易业务的批发市场，不做该项业务要求，不扣分。
					有鲜活水产品交易的市场，要配备洁净水蓄养池，水产摊位前应设置明沟，并盖有下水道井盖（1分）；
					有生鲜肉类交易的市场，要有闭合的交易棚（厅）（1分）；
					有粮油交易的市场，建有交易需要的粮油贮藏专用仓库（1分）；
					有冷冻产品交易的批发市场，建有交易需要的冷冻贮藏设备（1分）；
					有果品交易的批发市场，具备满足交易需要的保鲜贮藏设备（1分）；
					有花卉交易的市场，有交易厅，并配备照明、遮光等设施（1分）；
					对活畜和活禽交易的市场，有专门的区域，并有符合防疫标准间距的围栏设施（1分）；
					有冷冻产品交易的市场，独立摊位的冷冻产品陈列要配备冰柜（1分）；
					根据农产品的保鲜特点，相关交易业务的批发市场以专用仓储集聚区为核心建办，自建仓储设施不足的，租用邻近专用仓储设施（1分）
		结算功能	2		基本实现了非现金交易（2分），全部是现金交易（0分）
		网上交易平台（系统）	2		开展网上收集客户信息、洽谈签约、下单、结算等业务

续表

一级指标	二级指标	三级指标	指标分值	得分	说明
		定期发布商品价格指数	2		制订统一的价格信息采集、汇总和指数编制的技术规范，科学预测价格走势，提出分析结论和建议，必要时提供市场价格预警信息
	交易主体引进和培育（8分）	现代经营方式	2		供应商采用总经销、总代理、佣金代理等现代经营方式，且以公司注册的供应商占 40% 以上（2 分），其他为 1 分
		市场进驻的名优商品	2		包括中国名牌产品、驰名商标，广东省名牌产品、著名商标等
		管理体系认证	2		市场内的供应商通过国际质量认证（1 分）、环保管理体系认证（1 分）
		定期举办的活动	1		市场开办者定期主办或参与的展会、采购论坛、研讨会等
		市场对外合作情况	1		市场开办者与采购机构、跨国企业或相关行业协会进行战略合作情况
服务系统（28分）	物流配送功能（12分）	公共物流服务区	2		以农产品公共仓储区为核心组织物流配送，或设立简易卸载配载区。建立公共仓储区的 2 分，设立简易配载区的 1 分
		中转性物流节点	2		设置中转性市场货物配送中心、货运代办点等
		物流配送服务机构	2		市场内外建有或对接应用较完整的物流配送系统，引入第三方物流服务机构
		冷链物流配送	2		自建或与第三方合作建有冷链配送物流体系
		规范市场物流业务活动	2		有明确的站场装卸操作规程（1 分）；合理设置站场车辆行驶路线（1 分）
		物流信息系统	2		构建物流信息系统，推广条形码和 GPS（全球定位系统）、RFID（射频标签系统）等物流技术
	公共信息服务平台（7分）	网络接入	3		配备标准机房、服务器、显示器等硬件设施（1 分）； 将宽带或光纤直接引入市场管理部门和每一经营户（1 分）； 建立业务应用门户网站，设立独立的互联网顶级域名（1 分）

续表

一级指标	二级指标	三级指标	指标分值	得分	说明
服务系统（28分）		行业信息发布中心	2		建立经营企业与产品信息的动态数据库，并不断及时更新（1分）；
					安装大型电子广告显示屏，提供信息发布、公示、查询服务（1分）
		公共服务网站	2		开展网上发布商品信息、网上营销活动等非支付型电子商务
	增值服务功能（9分）	检验检测功能	1		自建质量检验检测中心或引入第三方检测机构对进场商品进行质量检测，配备开展相关业务必须快速检测设备和相关试验辅助设施设备
		检测设施设备	4		有蔬菜、水果交易的市场，要配备获得资格认证的检测机构及配置农药残留物快速检测设备和相关试验辅助设施设备（1分）；
					有水产品交易的市场，要配备具有资格认证的检测机构及配置检测甲醛和水质的检测设备及相关辅助设备（1分）；
					有畜禽产品交易的市场，要配备符合资格认证的检测机构及配置检测肉内注水含量和兽药残留的设备及相关辅助设备（1分）；
					政府规定农副产品批发市场其他检测项目的专业人员和设施设备（1分）
		金融服务功能	1		与金融机构合作，为市场交易者提供金融支持和交易安全保障
		营销推广功能	1		自建或引进的具备整合营销功能的专业机构
		国际贸易功能	1		报关报检、进出口退税结汇、国际信用保险、国际物流等服务
		其他服务功能	1		包括会展、金融、咨询、法律、人才培训等
管理系统（25分）	管理制度（14分）	企业管理制度	1		有完善的经营管理制度、财务管理制度、人力资源管理制度
		管理信息系统	1		建设有ERP或其他管理信息系统

续表

一级指标	二级指标	三级指标	指标分值	得分	说明
管理系统（25分）	管理制度（14分）	人员管理	3		有质量安全检验、环境卫生、设施设备检修、装卸搬运、治安管理、信息宣传、消防安全管理等方面的服务人员，并具备劳动和保障部门以及有关部门要求的从业资格（1分）； 有食品卫生检验和卫生防疫专业技术人员，定期检查服务人员的健康状况，经营熟食品的人员持有健康证明上岗（1分）； 对市场从业人员进行卫生管理和食品安全方面知识的宣传和培训，推行培训上岗制度（1分）
		交易服务管理	8		建立投诉管理制度。设立专门的投诉机构，在场内显著位置公布管理制度、投诉电话，跟踪投诉处理情况（1分）； 建立计量管理制度。统一管理市场的计量器具，实行市场定量包装商品、零售商品等计量监督管理，使用法定的市场票据、票证（1分）； 建立公平交易和结算收费管理制度（1分）； 建立食品检测、卫生防疫、环境卫生工作制度（1分）； 建立设施设备检修和维护制度（1分）； 建立仓储和装卸管理制度，对装卸实行集中、统一、规范管理（1分）； 建立消防安全、检查和监督制度（1分）； 建立治安安全管理制度（1分）
		应急管理制度	1		制定紧急事故处理与应急预案等
	商户管理（6分）	经销商准入管理制度	1		有经销商管理责任部门和经销商准入管理制度
		合同式管理	2		签订场地租赁和经营管理协议（1分）； 签订消防、安全、诚信经营、环卫和环境保护等责任协议（1分）
		商户清退制度	2		建立市场内经营商户的市场信用记录制度（1分）； 建立商户违规处理和清退制度（1分）
		台账制度	1		督促经营商户建立进出货台账，并定期进行检查

续表

一级指标	二级指标	三级指标	指标分值	得分	说明
	商品管理（5分）	商品准入制度	1		设立商品管理责任部门，建立商品准入制度
		商品质量保证制度	2		所售商品在生产许可证、产品质量合格证、商标使用授权书、质量检测报告等方面的情况（1分）；
					商品质量购销查验登记制度（1分）
		商品清退制度	2		建立商品质量抽检制度并保留抽检记录（1分）；
					建立质量安全不合格商品的市场清退制度（1分）
成长性指标（5分）	经营业绩和社会效益		3		近三年的交易额年增长速度50%以上，社会效益显著（3分）
					近三年的交易额年增长速度30%以上，具有良好社会效益（2分）
					近三年的交易额年增长速度15%以上，具有一定的社会效益（1分）
	市场管理制度执行情况		2		非常好地得到贯彻执行（2分）
					得以贯彻执行（1分）
加分项	列入省、市等政府或部门规划的市场		2		
	有绿色食品、有机食品、无公害食品专区的市场		2		
	通过国家认可的信用资质认证或绿色市场认证的市场		2		
	通过ISO14000系列环境管理体系认证的市场		2		
总分			100（8）		

说明：

1. 当年发生火灾、重大商品质量事故、重大价格欺诈事故、重大环保事故、伤亡事故的农副产品批发市场实行一票否决。

2. 记分方法，总得分 =Σ（每项三级指标得分）。

3. 总得分超过75分（含）以上可列入转型成功农副产品批发市场推荐名单。

后 记

随着最后一个字的落下，我站起身，如释重负，窗外早已是夜深人静。记不得已是多少次挑灯夜战，累得受不了时真想放弃，但最后还是坚持了下来。

北京物资学院的特色是物流和流通，作为学校老师，我对北京市物流业的发展一直都很关注，2013 年主持的校内青年基金课题《政策审计对北京市物流业发展的影响研究》，就是从审计的角度去看物流业的发展，同年参与了我校张军老师的物流学会课题《物流成本高的政策原因分析及对策》，让我对物流成本有了更深入的理解。自从两年前得知批发市场要进行疏解，我就对这个事情产生了浓厚的兴趣。身边的八里桥市场已经陪伴了我们十几年，与我们的生活息息相关，要是搬走了，我们去哪里买新鲜的蔬菜呢？北京这么多批发市场，要是都进行疏解了，会给北京带来多大的影响呢？这么大量的人口要消费，如果都从网上买的话，又会对北京市物流产生什么影响呢？带着这些问题，我开始查阅各种资料，也跑了不少的批发市场进行调研，如北京八里桥农产品市场、北菜集团菜篮子公司、广州财富天地国际鞋业广场、合肥的周谷堆农产品批发市场等。2014 年申请了物流学会的课题《批发市场转移升级中的物流问题研究》，研究期间，陆续在核心期刊上发表了《我国物流成本研究综述》和《北京农产品批发市场疏解升级问题研究》两篇论文，以及与同事合作完成了《北京批发市场外迁问题的博弈分析》和《美、日物流政策梳理及给我国的启示》。积累了不少的资料和研究心得，今年完成了结项报告，课题如期结题。

在前期大量的准备过程中，我萌生了要把自己的研究付诸书稿的想法，于是更加努力地去寻找资料，查阅文献，遗憾的是虽然研究物流的书籍、论文很多，但是从批发市场这个角度去研究物流的却是少之又少，可能大部分人都觉得这两者之间没有什么联系，没有研究的必要。学术界对此关注不够，没有系统的科研成果。但我却执着地觉得批发市场既然存在着物流活动，那就可以找到它们之间的联系；既然寿光蔬菜批发市场能改名叫物流园，那就说明批发市场在物流系统中有一席之地。而且作为物流服务的提供者，批发市场发生的成本也应该属于物流成本，会因为批发市场的疏解升级而发生相应的变化。我一直在关注北京的批发市场和物流系统变化，但后来发现这在全国是一个普遍现象，于是我整理思路，把自己对批发市场及物流系统的认识和研究写出来，希望能找到共鸣者，一起来研究这些问题，为我国城市物流系统的建设，为我国批发市场的升级转型献计献策。当然我还有不少的问题没能有成熟的想法，如有用的物流信息如何收集？怎样布局最合适的物流节点？共同配送怎么能分配好各合作方的利益？以及城市批发市场的相关物流成本到底应该包括哪些内容，在强化管理方面有没有更新更好的办法等等，这都将是我今后的研究方向。

在书稿顺利完成之际，首先要感谢北京物资学院的各位领导，感谢商学院魏国辰院长以身作则，培育了学院浓郁的研究氛围，感谢原党委书记刘永胜（现研究生部主任）教授、于冠华书记、闫甜副院长、吕波副院长出台的众多支持政策，组织了很多学术活动，营造了商学院积极向上、团结温馨的工作氛围，感谢会计系同事的互相支持，尤其是陈娟主任的大力帮助，使我在研究过程中提高了科研能力，聚焦了研究方向。感谢你们的关心引导和爱护让我在这个研究领域逐渐成长起来，感谢你们给了我那么多次的调研机会，让我能收集到充足的资料完成研究。也要感谢一直支持帮助我的同事张军老师、张勤老师，以及我的家人，是你们的鼓励和支持让我坚持下来，才使本书得以顺利撰写完成。我查阅了许多资料，对于书中所借鉴的专家的观点和内容，我也心存感谢，但是由于参阅的资料过多，有的资料来源可能标注不够清楚，在这里对作者表示深深的感谢，谢谢你们的研究让我打开了思路。

由于时间和学识所限，本书难免会存在缺陷，许多观点还很不成熟，但作为一份研究心得，希望本书的出版能引起更多的人去关注城市批发市场的疏解升级问题，城市物流系统的优化问题，以及批发市场的物流成本管理问题，为城市批发市场未来的发展方向提出建议和新的思路。